舞文誇痴

黄恽 著

人民东方出版传媒
東方出版社

图书在版编目（CIP）数据

舞文詅痴 / 黄恽 著. — 北京：东方出版社，2016.12
ISBN 978-7-5060-9409-2

Ⅰ. ①舞…　Ⅱ. ①黄…　Ⅲ. ①中国历史—掌故　Ⅳ. ①K206.6

中国版本图书馆CIP数据核字（2016）第308198号

舞文詅痴
（WUWEN LINGCHI）

作　　者：黄　恽
责任编辑：闫　妮
出　　版：东方出版社
发　　行：人民东方出版传媒有限公司
地　　址：北京市东城区东四十条113号
邮政编码：100007
印　　刷：三河市中晟雅豪印务有限公司
版　　次：2017年3月第1版
印　　次：2017年3月第1次印刷
开　　本：787毫米 × 1092毫米　1/32
印　　张：9.5
字　　数：188千字
书　　号：ISBN 978-7-5060-9409-2
定　　价：42.00元
发行电话：（010）85924663　85924644　85924641

自序

这是一本我新编的掌故小品集，命名为《舞文詅痴》。

我本是不会写文章的人（当然，没有人生来就会写文章），却慢慢弄成以编文章和写文章为生，真是做梦也没有梦到，却也欢喜赞叹，认作我人生不易之轨迹。

怎么办？学着写。十余年来，埋头读书写作，一写就写了很多，承编者、读者不弃，至今已问世六册，这是第七册了。

北齐颜之推《颜氏家训·文章》说："吾见世人，至无才思，自谓清华，流布丑拙，亦以众矣，江南号为詅痴符。"

才思有无，丑拙与否，还俟读者品评。

且再作一回詅痴符吧。

书分两辑，上辑如梦记，下辑烟云录。如梦记所收文章，都是讲人的故事，一鳞半爪，片言只语，都是碎片。人生如梦，可不是么？烟云录所收文章，都是讲书的故事，书的得失生灭，于人更是烟云过眼，在此撷取云霞一片而已。

目录

上辑　如梦记

下辑　烟云录

上辑｜如梦记

1927年苏州易帜中申听禅的遭遇

1927年元旦，《苏州明报》发表署名柳桥的社论《民国十六年之小希望》，文中说：

> 民国十六年，犹如儿童之十六岁矣。古者以男子十六岁成丁，当立身处世，为社会宣力，为家长扬名。今民国十六年，亦可作如是观。以前之事，譬如儿童之年幼齿稚，完全儿戏，今届成人之年，自当一洗积习，与年更新。来日方长，定有新猷可观。吾愿一般军阀家，自今以后，宜早息兵争，共谋国事，勿效儿童之口角打架，以为快事。须知年届成人，当有成人之气象，切不可嬉皮笑脸，仍不脱幼稚之状态，庶几大好山河，勿致陷于万劫不复之地为幸也。

当年苏州是苏松常道的首府，新正伊始，大家并无北伐成功之虑，说的还是眼前军阀的事，几年前的齐卢之战，于苏州人尚有余痛，军阀们虽然大打电报之战，骈四俪六，典雅矞皇，然行事只是幼稚和流氓习气，不是嬉皮笑脸就是干戈相向，受苦的还是在这片土地上的百姓。

是年 2 月底，情况就有了变化，苏州报纸上部队调动消息频繁，南方北伐党军和北方军阀部队已经在江苏正面接触，如“沪杭线战甚烈，联军方面，孟昭月为总指挥，鲁军俄兵四千人加入作战，党军白崇禧为总指挥”，可见北伐军进展迅速而顺利。处在北洋吴佩孚、孙传芳统治下的苏州城风鹤频惊，防务严密，城墙上军队荷枪实弹，城门虽设而常闭。

3 月初，《苏州明报》有一署名恨世的记者在苏州城墙上转了一周后写道：“自军队调防，运输频繁，以致胆小居民，城外裹足……西汇道（今齐门外西汇路）上，行人绝迹。惟有三数商警（笔者按：商团武装人员）徘徊其间……至车站货栈左近，有鲁军一营之众，乘船开拔，似水道往吴江而去。时河畔泊舟，大小约三十余艘，军士肩负行囊枪械，有输送篷帐面粉等物，行色匆匆，似即将离苏之状……及绕道阊门而归，马路市面，平日锦绣，今者萧条异常，不复如往日之花天酒地矣。”

战争已经迫在眉睫。

3 月 20 日，薛岳军已占领松江，直鲁军溃败退却。在苏州，警察厅长李珏林忽然请假离苏（笔者按：到 5 月 11 日，李珏林也被通缉），职务委卫生科长张一新暂代，吴县接任前县知事张仲甫的姚浚也同时不安于位，请假离苏，由县府第一科长金国书暂代。所谓请假，比弃职好听点，官员守土有责，弃官而逃是要治罪的，请假则可进可退，留有回旋余地而已。然而，情况分明于北方不利，所以官员先请假看看情势再说。

22日，薛岳部进入上海，直鲁方驻守上海的毕庶澄易帜，声明愿受蒋指挥。

这时的苏州，已经处于一个时代的转折点——政权易手，五色旗变成了青天白日旗，军代更迭，首都南迁，从北洋军阀转向国民党统治。从北洋政府转而为国民政府，说起来，就是改朝换代，或者可以说，进入“民国之第二共和国”阶段。

3月24日，苏州已经处在北伐军控制之下，苏松常道尹府被撤销，道尹李维源卸职。苏州首席士绅张一麐很不寻常地在报纸上公开发表启事：

> 一麐终养守礼，闭门思过，于政治上本无关系，惟以桑梓猝受兵祸，不能不披发缨（撄？）冠为义务而尽义务。古云：眼前皆赤子，头上有青天。每诵二语自勗。今幸青天再见，垂怜赤子无辜，垂白鲜民得以休息。除文字生涯外，所有军政各界，誓不为人说项，如有委托，恕不招待，函件恕不答复，幸垂谅焉。

张一麐对新局面颇有疑虑，面临着进退的抉择。他会思考这样一个问题：对于此前自己的作为，国民党会怎么看？会怎么对待自己？因此，他先强调自己早先只是为桑梓和乡民尽一份义务，和北洋军阀之间的关系进行切割。对于国民党，他先言不由衷地颂扬了一句：青天再见，然后马上强调自己可以休息了。很明显，在形势远未明朗之时，他还需要观察一阵，看看形势发展再说。在他看来，现在也只是换了一拨军阀，行的也是军事统治，且北洋那边未必不会反戈一击，转败为胜，胜败还远未分明呢。而以革命党自居的国民党，还主张铲除绅阀和土豪，并高唱过打倒土豪分田地，能否和他们合作还在未知之数。

政治革新，同时带来教育权的收回问题。教会学校东吴大学和东吴一中，对于北伐军的到来，为保存大学，不受影响，也不得不作出心不甘情不愿的应对。一直任东吴校长的美国人文乃史，随即发表启事，强调教会学校亟谋改私立学校进行立案，自己宣布辞职，请理科教授潘润民任教务长和代理校长，以求少受革命带来的冲击。苏州的其他教会学校也以东吴大学马首是瞻，在同一时间作出了调整，外籍教师纷纷返国，外籍校长卸职，暂时换了校内亲信作自己的傀儡（或称代理人）。

4 月，报纸上北伐节节胜利，然国民党内部也分裂，宁汉之间形同水火。随后各地清共开场，不但北方李大钊被处死，江南地带，也到处有共产党组织被破获的消息。在南京，程潜某部因为共产嫌疑，竟被全体缴械。

5 月初，吴县行政临时委员会提出总辞职，6 日，由东路总指挥第一军军长何应钦委任其手下第三师秘书长，33 岁的游寿愚，任北伐后苏州的第一任吴县县长。

就在风云诡谲的政治气氛中，5 月 9 日，《申报》有彻究直鲁军余党的新闻，同日，苏州的报纸上则有申振刚被捕的报道。

申振刚，字诗笙，号听禅，明代大学士、首辅申时行后裔，苏州士绅，早年留学日本习军事，入陆军士官学校。申振刚文武兼备，回国后，一直在南京、苏州等地北洋政府的军界、警界为官，偶也在军报《联军日报》任总主笔。在苏州当地，申振刚也算高官和“阔人”了，因此关注度不低。

《苏州明报》上引起苏州不安的申振刚被捕报道分两个部分：被捕的原因和被捕的经过。由于事情就发生在昨天，原因还不明朗，无法核实，只能大略言之，被捕经过也是言人人殊。该报道就以“言人人殊之申振刚被捕情形”为题。

被捕的原因，当时有四说：一说通敌嫌疑；一说被仆役报告；一说因封财产而误会；一说擅买公产。

四个原因，其实可以合并成两个。所谓通敌嫌疑，是指申曾因齐燮元委任，任江苏警察厅长，且任职孙传芳的《联军日报》总主笔。仆役报告，也还是因为与北伐军的敌人直鲁军有分拆不开的关系也。封产和擅买公产，其实是一件事。原来申氏的住宅：刘家浜 42 号，原先是苏州警察分局北区第三分所，不知为什么忽然变成了申氏兄弟的私产了，这就产生了擅买公产的问题，即目前的住宅，是否是营私舞弊，由公产“擅买”而来？

被捕前后的经过，《苏州明报》有如下报道：

前任苏州警察厅长及《联军日报》总主笔苏人申振刚氏，自卸职后即携眷回苏，住居刘家浜东口宅内。讵于昨晨（5 月 8 日）九时许，突被公安局捕去。虽于当晚六时许，由财政局冯心支氏保释出外，但当时申氏被捕时，一般人之谈话，言人人殊。本报以职责所在，特随出探询，得消息如下：

被捕之一说　申振刚氏，突于昨晨九时零五分，被公安局派警捕去。被捕之真相，则言人人殊。有谓申系孙传芳之间谍，有谓申系《联军日报》之主笔。种种传说，不一而足。惟据可靠之消息所云，则谓有申氏之侍役王得龙其人，突赴公安局控告，所控告者何语，则亦无从探讯。惟公安局于据告后，即由督察长沈高尘及保安第一队长督同北区署长钟奇及北三分所巡官冯调若，驰往刘家浜申宅施以搜捕。

被捕时之情形　当沈督察长等往申宅时，因前门由申之介弟眷属所住，故改从周五郎巷六号门牌后门入内，并派警将前后门守住，不许任何人进出。一面即实施搜查，历三小时左右。当搜查时，申适在宅，欲乘隙越墙图逃，不意偶一失足，由墙上坠下，致跌伤头部太阳穴旁。当被警士瞥见，即将申看守，同时又搜出皮包一只，内有手枪两支，子弹八十三排，另弹廿九粒。所蒐获之物，由警士等先行带局。申氏本人，则由冯调若巡官，陪同至局。惟申氏之住宅，则由公安局发封，派警看守。

被捕后之情形：申氏既被捕后，于下午六时许，业由财政局长冯心支氏，保释出外，将来有无问题，则尚不可知也。

笔者曾到苏州刘家浜去实地看过，申氏产业，在刘家浜42号，原六开间三十余间，今已面目全非，唯隔壁尤先甲故居尚存部分，竹丝墙门，列为控保建筑。申氏在苏州世代为大族，祠堂在马医科巷口，另有申庄前为申氏义庄所在地，今景德路中医院一片曾为申时行故居。刘家浜宅是申振刚兄弟新置的住宅，原先是北区三分所不假。

关于申振刚被捕，另有更详尽的细节，则是他的隔壁为王姓住宅，他爬墙失足跌到了王氏的园子里：

……其时，申已得信，即从后进楼窗，扒至隔邻王姓后园围墙上，再由围墙跳下。落地时，覆身跌倒，面部跌伤，立现青肿，腿部亦遭跌痛，但伤尚轻微，惟脑后跌破一洞，血流不止，而申于跌伤负痛之时，即席坐于王姓园内。时有王之女佣某氏，忽闻园中响声，即启门察视，忽见一人，遂大呼有贼。主人王某闻声，随至园察视，见申殊不类贼，惟何以忽逃至园内，必有大故，遂上前细视，至为隔邻之申某。正在询问情形间，在外搜捕申某之警士，因闻捉贼之声，又因搜捕不见，知已逃匿，遂至王处询问，谓方闻汝家有人，在后面呼喊捉贼，是否有人逃到汝家，如有即将人送出，否则犯有藏匿不报之罪，于是王遂将申氏送出。送出后，沈督察长乃令队士将申氏扶至申之家内，并以药水随将申之脑后伤处，敷止血流。至此，申之妻眷家属人等，将申围住，悲哭异常，情殊酸惨，此事沈督察长见之，深为不忍，遂亦在旁以善言安慰，申氏反默不做声，上午九时许事也。至十一时后，沈以为时不早，令将申带局。

抓捕申振刚，显系南京北伐军总部的命令，因为就在前天（7日）下午，申氏刚从镇江（一说是南京，据笔者看或是镇江可靠些）回苏。至于申振刚为什么连夜从镇江回苏，大概已经风闻对自己的不利消息了。据后来苏州记者的访问，南京曾搜获申振刚与孙传芳的通信，而申振刚到达苏州家中，次日即被围捕，则是由于仆人王得龙的告发。申振刚爬墙而跌破了头，申振刚的后人于疆先生和笔者说：作为将军来讲，的确有些狼狈。毕竟有了一些年纪，身手自不及当年在士官学校的时候了。

与此同时，苏州的另一位北洋政府前官员丁锡丰也被捕了，他是苏州南区的署长，一被捕就被从苏州抓到了上海。

申振刚当天即由财政局长冯心支保释了出来，住进了医院养伤。丁锡丰由上海释回则还要有一个星期。

5月11日，申振刚给《苏州明报》写了一封信，对连续几天关于他被捕消息报道的不实之处提出更正：

主笔先生道鉴，顷阅贵报载申振刚被缚纪，内有与事实不符之处，亟应声明更正。查鄙人于上年八月，承《联军日报》社长招为编辑员之一，生计友谊，均难固辞，嗣因宗旨不合，于九月间脱离返苏，讵该报仍用鄙人姓名之事，业经即在该报郑重声明，以明真伪，旋即染疴在家疗治，一切不问，并未他往。近日更无宁苏等处往返之事，至昨事琐屑传闻失实之处尚多，容为详细函告，特先摘要奉违，乞登来函，至以为叩。

敬颂

撰安

申振刚拜启　五月十一日

这是申振刚对事件的澄清，真相究竟如何，很难说。未署名的记者对申氏并不谅解，甚至有点幸灾乐祸。《两个阔人被捕之续志》一文对申振刚评价说：

申振刚虽已保释出外，然于保释之后，有无问题，虽一般人尚在臆测中，但申振刚被人告发之罪状，曰通敌，曰私藏军火。申为《联军日报》总主笔，通敌两字，能否成立，我侪不敢必，但申为卸职军官，既于其住宅中，搜出枪械及子弹，私藏军火四字，实嫌疑。故公安局方面，虽将申氏由冯局长保出，但于此案，并未作为结束，仍须候令核办。刻申振刚正在城外某医院医伤，一面托其往日之食客，觅上年九月份之《联军日报》，是何作用，实不可知，但我人一考申氏之略历，在事实上言，申氏为苏人，任厅长时，以苏人治苏之资格，来治苏垣，尚有成绩可言，惟以过去之历史而言，甲子之役，齐卢之战，我人非健忘，

其导火线因申氏之淞沪警察厅长问题，申氏被何丰林所挡驾，于是乃酿成此役。（5月12日《苏州明报》）

这里牵扯出申氏在齐卢之战时的经历，认为齐卢之战的前因乃是申振刚任淞沪警察厅长被何丰林挡驾所造成。记者虽然对申氏在苏任职厅长时的政绩没有异词，不过科以私藏军火和通敌，也不是小罪。

也有对申氏怀有善意的记者，两天后《苏州明报》又说：

申振刚已安然矣

因被查封财产而连带被捕之申振刚，固已由冯心支保出就医，此人所尽知，第担保期仅五日，此五日后又何如耶？吾知阅者与关心申氏者，均亟欲知之矣，记者仅作简单语告之曰：申氏已安然矣。

申氏被逮之原因，既为查封财产而联带，于申氏本身之自由，本无若何之必要，且申之被查封财产，不过孙逆走狗，《联军日报》主笔之两因，于此问题，固未见有确定之事实与其应得之罪。特申氏当时之仓皇图逸，未免滋人加以疑窦耳。现悉昨已由张仲仁（即张一麐）、费仲深两先生出面，向公安局陈控义（名复）局长力保，并由申氏自行宣誓，陈局长遂亦准如所请，恢复其自由，至被封之财产，是否同予保全，则未之闻也。

在北伐成功那一年，申振刚经历了这样一场虚惊。国民党立足未定，对地方有名望之士绅，颇有忌惮，尚不敢妄肆而为，张一麐虽然公开声言不接受请托，在关键时刻还是站出来助了申振刚一臂之力。然而，在申振刚私下看来，却颇疑祖坟葬地风水不好，“择地不慎，葬后咎征迭见”。此后，他曾拜寓居苏州富郎中巷德寿坊沈祖绵为师，学习玄空堪舆之术。最终改葬其尊人固庵先生于“邓尉山之阳，体用兼得，亲友见者皆称善”。

此后，申振刚暂时失业，不久有人邀他去青岛特别市督练警察。据于疆先生见告：“东北易帜后，听禅的保定士官同学王烈（旗人）随张学良进京，向蒋介石推荐听禅，虽然在士官学校大家志趣不同，蒋激进、申保守，但都是同学，蒋把听禅召到南京，好言相抚，让其管卫戍区，以后演变成宪兵等等。”这是后话。

1927 年，申振刚虽然跌破了头，总算躲过一劫，但 1949 年一到，在北京的他却没有躲过镇反这一劫，1954 年夏天的一个夜晚，申振刚被抓捕后，便再也没有回家。

陈衡哲轶事二题

其一：何其芳笔下的陈衡哲

长夏无俚，读书自娱。

读的是何其芳的《还乡杂记》中《呜咽的扬子江》。

在还乡的船上，作者认识了一个微微发胖的江苏人，“把谈话的题目转到一件事情上，他以为对于四川人那是一个有趣的谈论资料”。

> 事情是一个嫁给四川人做太太的女人在成都写了两篇游记，发表在北平的一个刊物上，对四川说了一些坏话，于是首先引起了南京报纸的攻击，后来成都的报纸也响应起来了，害得那位太太又生气又难过……
>
> ……

“她说四川的鸡蛋没有鸡蛋味，是真的吗？”那个瘦长的教育学士笑着说。

……

……她自以为是一个有地位有声望的女人，现在是到荒僻地方去吃苦，于是对环境有点儿不习惯便大发脾气了。那简直是向社会撒娇，但可惜社会并不是一个女人的丈夫。所以我说，四川的鸡蛋倒有鸡蛋味，四川的水果也有水果味，不过中国这些名人学者都很可怜，就比如她吧，仅仅著过一部鸟儿花儿式的白话高中外国史，而且还把美国整个弄掉了，却到四川大学去作历史系主任。

这是该文中的一个片段，是船上几个人的对话，并不代表何其芳本人的意思，但何其芳写进自己的散文，多少有自己想表达的意思。

这里说到的女人到底是谁？这引起了我探赜索隐的好奇之心。不妨来罗列一下几个关键词：女人、嫁给了四川人，两篇游记，北平的刊物，文中有“四川的鸡蛋没有鸡蛋味，四川的水果没有水果味”，写过一本“鸟儿花儿式的白话高中外国史”，四川大学历史系主任。

基本满足以上条件的人，只有一位，那就是陈衡哲。

陈衡哲与四川人任叔永（字鸿隽）结婚，在 1936 年 3 月、4 月和 6 月在胡适的《独立评论》上写过三篇通信形式的《川行琐记》。《独立评论》的发行地在北平。陈衡哲在文中谈到四川的鸡蛋缺乏蛋味，水果缺乏甜味，兰花缺乏香味，诸如此类。陈衡哲还批评了“川人的保守和落后，称四川有‘二云’——天上的乌云和人间的鸦片烟云”。

据陈衡哲的女儿撰文回忆：陈衡哲随即被四川新闻界的专栏记者和专栏作家“棉花匠”“乡坝佬”和“佛公”，还有一些“义愤填膺”的读者牢牢揪住，不肯放手，一时间群起而谇之，群起而攻之，她遭到来势汹汹的口诛笔伐，其中不乏措辞极其恶毒的人身攻击，甚至还有一些协会指控她犯了“诽谤罪”，欲提起公诉。当年，四川的省会成都是主要的讨伐战场，《新新新闻》和刘湘直接掌控的《新民报》是主要的进攻利器。

这三篇《川行琐记》进而还使得四川人任鸿隽辞去四川大学校长职务，不过陈衡哲不是四川大学历史系主任，只是历史系教授。

所谓“鸟儿花儿式的白话高中外国史”，则是指陈衡哲编撰的白话文的《西洋史》。文中说该书整个把美国弄掉了，是指《西洋史》中没有美国。这是对的，西洋主要是指欧洲国家，处在美洲的美国不应该名列其中。

何其芳在《呜咽的扬子江》一文中说到的那个女人，就是陈衡哲，不作第二人想。何其芳并没有就陈衡哲做什么评价，他只是就此分析了一阵川人行事和性格中的优势和局限。

仅仅是一段插曲而已。

其二：旁敲侧击话陈、胡

先解释一下题目，陈是陈衡哲，胡是胡适。陈衡哲和胡适的友谊，源于留美，而正因为这远隔重洋的邂逅，两人产生了不一般的情谊，到后来惹了不少波澜，为此，胡适还为陈衡哲仗义执言，抗议了一回，而任叔永、陈衡哲夫妇也避嫌不遑，恨不得要隐藏了和胡适的这层关系才好。

上：起因只是一个八卦

《十日谈》是1933年在上海创刊的一个旬刊，由中国美术刊行社出版。这个旬刊后来开了一个专栏，叫《文坛画虎录》。这个专栏喜欢登载文坛人物的一些八卦故事。

1934年第26期《十日谈》就登载了下面这篇文章。

陈衡哲与胡适（前人）

女作家在中国文坛上露头角的，除了风头出得蛮健甚至家喻户晓的冰心，丁玲等几人外，陈衡哲女士，诸位也不应该把她错过，如果诸位读过她的《小雨点》《高中西洋史》的著作，我想对这位女作家，当有相当的认识。

她是一个将近四十岁的中年，美国前期留学生，去年曾二度出席太平洋学会，风头之健，固不亚于冰心。凡是读过她的小品文字（如《小雨点》），我们对于这位女作家思虑的周密细致，不能不致相当的敬意，我们更明瞭她是一个哲学有研究的人，虽则她的书法，幼稚得和蒙童学生不相上下。

陈女士的外子，是中国有名的科学家任叔永——鸿隽——先生，她这样（笔者按：当为怎样）嫁给任先生的，是有一段可歌可泣的伤心史，大约他们永久不会忘记这个记忆吧！

当陈女士留学美国时，我们五四运动的健将胡适先生同时在美国留学，彼此以都是中国留学生，相见的机会甚多，胡更年少英俊，竟给这位女作家看中了，要求彼此结为永久伴侣，但是胡适始终没有答应她的请求，在我们旁观者看来，对于自投送门的海外艳遇，是求之不得的事情，拒绝人家的好意，不是太不识趣么？但是我们哪里知道胡先生是还另有一番苦衷，

胡先生是旧式大家庭的子弟，对于婚姻也早就给母亲一手包办来的，在他未出国之前（笔者按：此话有语病，当作出国之前），胡适先生的老堂想先替他结了婚再出国，但胡先生没有答应，他愿意归国后成亲；然他的未婚妻就这样的怀疑着：留学生归国后，大多喜欢讨一位碧眼红唇的外国太太，哪里还有家乡的黄脸婆儿在他的心中呢！胡适先生对这层极力声辩："我胡适决不。"这句话，总是不能绝对取信于他的未婚妻的。

他为了守这一诺之约，对于陈女士的要求，毅然地拒

绝了，但是他觉得这是太辜负敬爱者的盛情厚意，所以把陈女士“负责”介绍给“他的朋友”任叔永了。

陈衡哲虽然和任先生结婚了，但是他们的感情，总还是淡淡的。

首先解释一下作者。民国报刊，总把同一个作者的前后两篇文章，在接排的时候，第一篇署名，第二篇则表明：前人，因此这里“前人”指的即是前一篇《戈公振》的作者象恭。“象恭”出自尧典，示外表恭敬的意思，或有“外表恭敬，内心实不可问也”的意思，很可能是个笔名，然而当年也有一个叫陈象恭的青年作者，这里很难指明是前者还是后者。

这篇《陈衡哲与胡适》主要分两部分，前一部分介绍陈衡哲其人，后一部分介绍她的婚恋。介绍其人时，拉进了冰心，介绍了陈衡哲的名气、年龄、著作，还有书法。介绍陈衡哲的婚恋，则拉进了胡适和任叔永，说陈衡哲犯了单相思，对胡适是投怀送抱，要把自己嫁了。文章说胡适是毅然决然地拒绝，却让任叔永桃代李僵，作了替身，因此夫妻两人感情淡漠。

这篇短文，简直就是离间夫妻感情的绝妙文本，一石三鸟，作者说陈衡哲思嫁胡适，投怀送抱，被胡适拒绝的故事，读者不由不信，甚至还会为陈衡哲欲偶胡适不遂一掬同情之泪。不过，话讲回来，这也不是空穴来风，至少代表了社会上很多人的看法，1920 年 8 月 16 日，胡适生女，他以“素斐”给自己的女儿命名，在日记中也承认即与“莎菲”（陈衡哲）一个含义，这其中无疑寄托了胡适对陈衡哲的某种情感。草蛇灰线，胡适与陈衡哲的情愫，也不难由此悬揣一二。

此文刊出后，居然风平浪静，莫非文中的三人都认为有道理，默默认可了这种说法？

其实不然，在相隔了十三期，四个多月之后，《十日谈》第39期，终于有了回应，乃是《胡适之来函抗议》一文。

之所以反应这么迟缓，除了当年邮路问题外，还有胡适谈到的另一个原因，且看胡适的抗议——

> 编辑先生：
>
> 承　贵社赠阅《十日谈》，至今感谢。每次收到之后，总是家中的孩子们先拿去看，有时我竟看不到。昨天任叔永先生和他的夫人陈衡哲女士拿了《十日谈》第二十六期来，——这一期我是没看过的，——他们指出其中的《文坛画虎录》中《陈衡哲与胡适》一条来给我看。他们对于这一条当然很生气，认为有恶意的造谣毁谤。我看了这一条，也感到（一）此文说陈女士留学美国时，与胡适“相见的机会甚多”。事实上，我与陈女士留学并不同地，只有一九一七年四月七日任叔永君邀我同到她的学校，见她一次。不久我就回国了。直到三年后，一九二〇年的夏间，她和任君同回国时，我在南京才和她有第二次的相见，那时他们早已订婚，他们的婚约就是在那时宣布的。（二）陈女士与任叔永君做朋友，起于一九一六年的夏间；我最初

知道陈女士的文字，都是间接从任君方面看见的。后来我做了《留美学生季报》的编辑，因为向她征求文稿，才和她通信。以后一九一七年我与她第一次见面，也是任君邀我陪他去的。所以我认识陈女士完全是由任君介绍的。今“象恭”君文中说我因为拒绝了她结婚的要求，“所以把陈女士‘负责’介绍给我的朋友任叔永了”。这是完全与事实相反的诬辞。（三）“象恭”君此文中最荒谬的，是说陈女士曾要求与我“结为永久伴侣”，我拒绝了，然后把她介绍给任君。事实上是，在留学时代，我与陈女士虽然只见过一面，但通信是很多的。我对她当然有一种很深的和纯洁的敬爱，使我十分重视我们的友谊。但我们从来没有谈到婚姻的问题。这是因为，第一，我们那时都在青年的理想时代，谁都不把结婚看做一件重要的事；第二，当时一班朋友都知道陈女士是主张不婚主义的，所以没有一个人敢去碰钉子。她与□□□□（任君相识——原件模糊，大概如此）最久，□□（相知——原件不清）最深，但他们也没有婚姻之约。直到任君一九一九年第二次到美国，陈女士感他三万里求婚的诚意，方才抛弃了她的不婚主义，和他订婚。这些事都是我们一班熟人所深知的。“象恭”君此文中说我拒绝了“自投送门的海外艳遇”，这是对于一位女士最无理的诬蔑和侮辱，我不能不向　贵社提出抗议，贵社对此文应该有负责的道歉。（四）“象恭”君此文中有许多字句是显然存心攻讦的。上文所引“自投送门”一语便是明例。又如他说胡适“把陈女士‘负责’介绍给‘他的朋友’任叔永”；请问他特别用引号标出的“负责”“他的朋友”是什么意思？是不是有心布出疑阵，借此攻讦我？又如他在最末说任先生夫妇的“感情总还是淡淡的”，请问先生，这种文字是不是有恶意的挑拨与攻讦？我对这些，也不能不向　先生提出抗议。

以上所说，都可证明此文所述既不“真实”，又是存心“攻讦他人”。　先生既已刊登此文，当然应负责任，所以我请求　先生将我这封信不删一字地刊登在下一期的《十日谈》的《文坛画虎录》栏内，并请求　先生向原文中被攻讦诬枉的各人负责道歉。

胡适敬上。廿三，八，十三

胡适这篇抗议文写得甚好，有理有据，不卑不亢，足以廓清象恭文字给读者带来的迷雾。据查证，胡适在留美期间，确实与陈衡哲不在一地，只见过一面，通信有四十多次。胡适并没有扯谎。至于他和陈衡哲之间有没有心灵上的呼应，情感上的互慕，是另一回事。同时他对象恭文字中的攻讦和侮辱，也一一明白指出，义正词严，不能不使《十日谈》编辑方感到相当的压力。

这信，在胡适是应任叔永、陈衡哲夫妇的要求下写的，于朋友于自己，都是义不容辞的。不过，这样的抗议会不会越描越黑，起到适得其反的效果，也很难说。既然任、陈夫妇有这个要求，他没有理由不做。

早在1933年，沈从文就曾撰文谈到文坛上“海派”与“京派”之不同，说海派的特点是：“名士才情”与“商业竞卖”的结合，不专心创作，而专事于炒作，搞花边新闻。所谓花边新闻，实即如今所谓八卦也。象恭这篇文章，乃是海派特色的最好体现。

胡适这一篇书信形式的抗议，不知有没有收入胡适的全编中，如果收入，似不应再有人就这个大做文章，如果没收入，则此文尚有一读的价值，也无意中为胡适做了辑佚的工作了。

胡适此文还有一个尾巴，乃是《十日谈》编辑部在后面附加了一个编者按，兼表示道歉的意思。这个编者按应该也出自章克标的手笔，因为当时《十日谈》已经由他主编，而《文坛画虎录》更是他的地盘，所以有必要录出来，看看章克标是怎么“狡辩”与表示“歉意”的，从这方面或许正好可以看出“京派”与“海派”之本质不同。文如下：

> 编者按：二十六期本栏象恭先生所投，记《陈衡哲与胡适》一文，编者当时并未觉得其中含有攻讦毁谤之意，以为不过倾（笔者按：钦）佩胡适先生的千金一诺而已。至于是否事实，则编者但凭常识，加以判断，因欲一一实地调查，是不可能的。男女间常有，可以有的事体，编者不能断定其没有，所以那时以为那是事实了。不过文中措词，的确有失于轻薄之处，那是编者失察，以致看来好像

含有恶意了，其实倒并不如此的。我想作者象恭先生也不会想故意毁谤任夫人胡先生的。我们想男女间的爱情，是很平淡而自然的，无论由男的发动或女的发动，都是很平常的事件，并不严重，所以说一女人和男子生爱情，对于女人并不是侮辱，只有那封建余毒未曾铲净的，才会想到女人不可和男人讲爱情，一讲便有失身份。所以不能是侮辱，因之也不成为蔑（笔者按：诬蔑？）。问题的焦点，只在是否有此种事实而已。没有此种事实，也是可能的，况且胡先生本人出来否定，当然是没有了，那么我们决不想文过饰非的。但须申明，恶意的挑拨与攻讦，断然没有的。然而我们仍愿虚心坦坏（笔者按：怀）向被误解（的）任先生任夫人和胡先生告罪。伏维原宥，专唱肥喏。

这哪里是态度诚恳的道歉呢？明明文过饰非，蒙混过关，偏偏“决不想文过饰非”，还放一暗箭，指责说你们“封建余毒未曾铲净”，其余文字也仍是一派轻薄之态可掬，绅士之碰到流氓，或许就是这样的场景吧。

对《十日谈》的道歉，胡适和任叔永、陈衡哲是什么态度有什么反应就不清楚了。不过，随后发生的一件事，却可以间接证明任叔永和陈衡哲的内心。

这里特别要点明一点：《十日谈》第 26 期出版于 1934 年 4 月 20 日，《十日谈》第 39 期出版于 1934 年 8 月 30 日。

下：《小雨点》避嫌不遑

陈衡哲是现代文学运动的开拓者之一。早在1917年，在美国留学的时候，就开始了文学创作。她把自己的作品看作“小说”，用现在的眼光来看，她的很多作品只能算作散文，如《一日》；童话，如《小雨点》（与书名同）；散文诗，如《运河与扬子江》等，连最像小说的《一支扣针的古事》，也不过是篇纪实性的散文，《小雨点》一集中所收文章，严格意义上的小说几乎没有。因此，《小雨点》不妨看作是陈衡哲的一本创作集。

《小雨点》一书，1928年4月由新月书店初版，也是作为小说集来定位的。《小雨点》装帧素朴，封面大部留白，一小幅中国画，书名由陈衡哲自己题署，扉页是老朋友胡适的手笔，印有胡适题签“小雨点”，落款“适之题”，并钤有“胡适之章”名印。新月初版共收文10篇，书前还有3篇序。第一篇是胡适的《胡序》，胡适在《尝试集》中提到的“我们三个朋友”，指的就是陈衡哲、任叔永和他自己，可见他们之间渊源有自，情谊不浅。陈衡哲是最早呼应胡适白话文学革命的“同志”，她在《小雨点》中所收的文章，大都在胡适主编（或参与编辑）的杂志上发表，所以胡适说“差不多都和我有点关系”，因此“很高兴写这篇小序”。胡适在序中回忆了他与陈衡哲在美国留学期间的交往，并且在序中特别指出，陈衡哲用白话创作的《一日》与《小雨点》在时间上大大领先于鲁迅《狂人日记》的事实，把她在新文学运动史上的重要性标示了出来。不过，作品时间的早晚是一回事，好坏就是另一回事了，这是胡适不想说明的。第二篇是任叔永的《任序》，任叔永是陈衡哲的丈夫，不避“台内喝彩”之嫌，对其妻的文学天赋无任钦佩。第三篇是《自序》。1927 年 3 月，北伐成功，在那南北扰攘变乱中，陈衡哲保存在南京的日记、信札、文稿之类全部散失了，为了预防这样的事再次发生，陈衡哲决定把带在身边的“一点小说诗文”尽早出版，“俾不至于像留在南京的文件一样，一散而不可复得”。（新月版《小雨点》156 页，后来上海书店影印出版的就是这一版。）

据陈子善先生《陈衡哲：〈小雨点〉再版本》（2008 年 4 月 25 日发表于《文汇读书周报》）说，1930 年 3 月新月书店还出版过《小雨点》的一个再版本。这个再版本：删去《胡序》和《任序》，书末补入《再版后记》，交代抽出《胡序》和《任序》的理由。奇怪的是，这个再版本扉页虽然保留了胡适的书名题签，并套红印刷，却删去了“适之题”落款和“胡适之章”名印，以至未见初版本的读者不知这个题签出自何人手笔。（见陈子善先生文）

由此可见，《小雨点》“去胡”的尝试已经在新月再版本中就开始了，只是没有去净，还留下了书名题签。陈文没说《再版后记》交代的抽出《胡序》和《任序》的理由，想必也不足信，一定是冠冕堂皇，所以干脆把丈夫的一序也抽去，以示公平不偏。

1935 年 8 月，《小雨点》又弄了一个商务版（1936 年 1 月正式出版）。这个版本并不是新月版的简单重印，而是一个改版本。陈衡哲在《改版自序》中这样说："因为最初承印《小雨点》的新月书店现在已经归了道山，故本书由商务印书馆重新印行。原书所包含的小说，凡有十篇。现在删去了一篇《巫峡里的一个女子》，补入了一篇《老柏与野蔷薇》，仍旧是十篇。"其实，这次改版，不仅调整了正文中的篇目，作者还把新月初版中的三篇序也一概删却，重写了短短的一篇《改版自序》，连胡适的题签也一并刊落了，因此在篇幅上只有新月版的三分之二，共102页。这就使人感觉到，陈衡哲这次重新出版《小雨点》，似乎有意要与胡适做一个彻底的切割。终于从初版本到再版本，再到改订本分三步完成了"去胡"的目标。

这又是为了什么呢?

在这里，我不想因为三个版本的不同，而像某个学者一样索隐出陈与胡有一段什么恋爱，手头资料不足，我不能效象恭的做法，但可以说任叔永夫妇忙着与胡适做切割，一定是三个老朋友之间产生了什么误会或龃龉，甚至已经交恶。一年多前，任叔永、陈衡哲夫妇被《十日谈》"八卦"伤害，一年多后，商务版《小雨点》(1936年1月)出版，任叔永和陈衡哲夫妇不想再提"三个老朋友"的旧话了。人际关系是不断变化的，即使最好的朋友，也可能变成陌路，甚至仇人，这样的例子太多了。《小雨点》版本的变化，至少有很大成分是基于这个原因吧。

李金发对周作人的隔膜

象征派诗人和雕塑家李金发，有一册诗文合集《异国情调》（随笔、小说、游记、诗各体均有），出版于抗战后的 1942 年 3 月，商务印书馆初版。这本书主要收入他在广东韶关所写的文字，用他自己的话来说，是不过“在陪都的文坛凑凑热闹而已”。这自然是谦语，然未始不是实话，李金发的创作，以现代象征派诗歌著名，随笔、小说、游记非其所长，放低身段，可以避批评的箭矢，这是创作者都知道的常识。

《异国情调》中有一辑“仰天堂随笔”，其中一篇《从周作人谈到“文人无行”》，说到他与周作人的交往情况——“我与周作人无‘一面之缘’，但与他通过好几次的信，且可以说是他鼓励我对于象征派诗的信心。”

原来，李金发于 1919 年留学法国，先后进入第戎美术专门学校和帝国美术学校学习雕塑，他在法国巴黎留学时，已经创作了后来的诗集《微雨》和《食客与凶年》两诗稿。他把这两种诗稿挂号寄给了时任北大教授的周作人，希望得到他的品题和推荐。

当时，李金发名不见经传，只不过是一个二十余岁的青年留学生。他自己承认，当年他“创作欲好名心是莫可形容的”，所以才找上了新文学运动中已经大出风头的周作人。

果然，周作人读完这两种诗集，给李金发写了复信，说了些肯定和赞美的话，认为他的诗是诗界“别开生面之作”，随即把它们列入“新潮社”丛书，在北新书局出版（《微雨》1925年；《食客与凶年》1927年）。李金发说：“得到这个收获，当时高兴得很。”

李金发的成名，就这么简单，不过也有原因，盖当年新文学声势不小，阵容却不大，韩信点兵，多多益善，对于自身力量的壮大，大有裨益，所以当年搞新文学，成名易而速也。

《微雨》出版后，象征派诗才登陆新文学诗坛，为世人理解并接受。

据李金发的回忆，他和周作人的交往仅仅这些。显然，周作人是他走上文学道路的引路人，不过，李金发似乎没有相应的感激之情，当北京传来周作人落水的消息，李金发即写了《从周作人谈到“文人无行”》一文，说：“至于周作人，素以利为目的的，如向来在《宇宙风》《人间世》投稿，皆着重在抄引古书，连简累牍，以求稿费，这种人，见名利之所在，又加之东洋黄脸婆的诱惑，哪有不糊涂到底呢？”

这话说得有点奇怪，说周作人写作完全以利为目的，文章只是“抄引古书，连简累牍”，追求的只是稿费，可见他完全不是周的知音，甚至连周的读者也算不上，完全在不顾事实地瞎说。他还说周作人受黄脸婆的诱惑，不知何所据而言？至于“见名利之所在”一说，岂不是也连带打了自己一记耳光？因为他上面才说过自己“创作欲好名心是莫可形容的”的强烈呢！文人无行，周落水，李下石，还以莫须有的罪名，李这样的作为叫人齿冷。

李金发与周作人的隔膜还可以从这篇文章的一开头可以看出：“周作人是新文学运动的健者，与他的弟弟周树人真可说是一门双杰……”他居然连鲁迅是周作人的哥哥也不清楚，两人之间的隔膜真是无可言说了。这样的人写起文章来批周作人的落水，恐怕连水花也摸不到一个。

阿部淑子与周作人

写下这个题目，似乎会被知堂专家们嗤笑，这个阿部淑子何许人也？和周作人有什么关系可谈的呢？

人与人之间的关系，有双方互动式关系，诸如朋友、夫妻、父子等等，即过去所谓五伦，也有单方面的关系，诸如单相思（暗恋）、崇拜，甚至还有潘郎掷果式，即如今的追星一族，所谓粉丝者。

粉丝多少有点冲动型，不一定合乎理性，会做出社会上不易理解的举止，这也是青年期的典型特性。如今名人和影星、歌星的粉丝最多，有很多粉丝追星的故事频繁并时刻地发生着。

阿部淑子与周作人的关系，就是追星与星的关系，换句话说，阿部淑子是来自日本的，一位周作人的忠实女粉丝，是文艺女青年对知名作家的追星。

1935 年 9 月 11 日中午，日本神户的水上警察，在由日本前往大津的“长江丸”上扣下了一位名叫阿部淑子的 26 岁日本女子。

这个妙龄女子只带了现金百元，身边还有阿部三郎名下的七百元存款单，这就有了私逃的嫌疑。据查，阿部三郎是阿部淑子父亲的名字。

问她到中国干什么？

阿部淑子只回答说：去北京看周作人教授。

她说去看周作人是预先征得周先生同意的，她和周作人通过信，周先生允许她去看他。

周作人是当年中、日都知道的名作家，人们不相信眼前这个日本女子认识周作人，日本警察更不相信一个日本妙龄女郎会从日本启程偷偷地到北平去投奔周作人，于是在轮船上把她扣住了。

警察们查了她的身份，才弄清阿部淑子的父亲叫阿部三郎，在日本经营染坊，淑子是他的二女儿，几年前在京都第一高等女学校毕业后，在东京结婚，一年后离婚。

阿部淑子是当年标准的文艺女青年，离婚后就到女作家与谢野晶子家做秘书，为她誊写稿子，还认识了作家片冈铁兵。这位片冈铁兵就是几年后大骂周作人是反动老作家的那位，周作人写信到文艺报国会去抗议那位“兄”，当年还是文坛正崛起的新星。

阿部淑子崇拜周作人源于二年前到日本在耶稣教育青年馆的讲演，真是一见倾心，一聆拜服，从此产生了要到中国拜周作人为师研究中国文学的念头。

于是，阿部淑子就和周作人写信。

阿部淑子没有说谎。据周作人日记，1934 年 9 月 10 日受信栏填着：阿部淑子。三天之后的 13 日发信栏写着：下午寄阿部淑子函，允其来住。

周作人大概视阿部淑子为异国来归的弟子，还允许她住在家里，以便她朝夕请益。

周作人或许会想起他的太老师俞曲园也收过日本弟子，也许更多想起随园门下的诸多女弟子吧。

很可惜，阿部淑子在来的路上被截住了，最终没有列入知堂门下，不然倒是一则佳话。

李石岑与童蕴珍的露水缘

苏州著名老街平江路上联萼坊，一幢幢民国风青砖瓦房，这里是差不多八十年前一桩男女情事的发生现场：发生过教授李石岑和童蕴珍的恋爱故事。

哲学教授李石岑每每会与大学校长的李石曾相混，同一时代，姓名又相差一字，读音又极相近，说起来也难怪。其实要分清也容易，石岑生得晚（1892 年），死得早（1934 年），一生只在编辑与教授这两个角色里转换，著作甚多。他虽然是湖南醴陵人，却主要在上海活动。而石曾呢，名门之后，河北高阳李鸿藻的儿子，党国元老，生得早，死得晚（20 世纪 70 年代才去世），职高望重，如果叫他原名李煜瀛，两者就不容易搞混。我这里不是来介绍这两人的生平，从题目也知道，我只说李石岑的一件风流韵事，这件事间接地造成了他的死亡。

李石岑与童蕴珍的故事，网上很有几篇文情并茂的文章，我也无意多说。现在人写的文章，说起来都很有问题，那便是无法还原到民国那个年代，就像小说中的武林高手，完全是高来高去，不能着地气也。

李石岑自与当时的妻子胡曼君结婚以来，就搬到苏州平江路的联萼坊居住。胡曼君也不是李的发妻，两人的婚姻也有故事，此不赘。1932 年，李任暨南大学教育系主任，当年沪战，处在上海真如的暨南大学也在战火中，所以李很多时候都住在苏州，故事也就发生在这一年。李与胡夫妻两人的日常生活，曾有记者这么记载："（李）与夫人胡女士伉俪颇笃，每出恒衣短褐。清晨时偕其夫人，携菜筐入市，归则果蔬鱼肉与俱，俭德可风，而落拓犹为里人所诟。"苏州人狗眼看人，看到大教授"落拓"，就有点看不起，孰料李教授的落拓并不影响他中年艳遇。

正是这样的时候，李石岑与童蕴珍发生了故事。

童蕴珍也是湖南醴陵人，幼孤，她与李的结识据说是在一次酒席上，而其媒介是苏州中学的教师梅君（名不详）。童蕴珍与梅老师互称义兄义妹，说穿了就是恋人关系，梅有事离苏，就把童托付给了同在苏州的教授、哲学家、心理学家李石岑，并寄居在李家。

李是从窗外爬进去与童苟合的，四十岁左右的大学教师，真是好兴致。随后的事情很俗套，几乎是一切男女故事的翻版。李凭其如簧的巧舌，花言巧语与童谈情说爱，既固其心，又遂己欲，结果是珠胎暗结。这样，男女的欲望就开始进入新的境界，即走向两途，在童方，就是要嫁，为自己找归宿，为孩子寻父亲；而李呢？面临的是解决眼前的危险，骗其打胎。于是，写了很多信（一说是 28 封），童蕴珍得到允诺，换句话说，就是上了当，于是打胎。李、童关系就再进一层，证据丢失，警报解除，李进入善后，准备滑脚，童则觉醒，进而在法院、媒体大闹，然后是李远避不遑。本以为一个未婚女子不至于拉破了脸，孰料童不管不顾，闹上法庭，并向报界公开手头的信件。李陷于被动，斯文扫地，颜面无光，还要赔偿损失。李本身身体不好，精神又受到打击，最终一蹶不振，一命呜呼。

李石岑四十出头就去世，于这件事关系非小。当然，李也有可恕之处，很可能是肺病，性欲旺盛，出于不能自禁的本能，也是人生之苦。不过，作为哲学教授、心理学家的李石岑，在处理这件事，即对于女性心理的判定，进退失据，算是完全失败的。

关于人生哲学，他是有演讲集出版的（笔者按：此书之初版我有，纸张甚差，文字也不见好，不过看得出李的口才很好），不过都是纸上的人生与哲学而已，真正的人生他又懂得什么？

陶其情《矛盾集》中的巴金

十多年前读贾植芳、任敏夫妇的合集《解冻时节》（长江文艺出版社2000年版），对贾植芳先生20世纪70年代末日记中谈到巴金的两个段落很感好奇，当时他正在编纂《巴金著译系年》。

先看第一个日记段落——

> 1979．10．25夜
>
> 一早去图书馆，继续查巴金著作，无意间发现了一本《矛盾集》，编著者是一个国民党反共人物，叫陶其情的。书中收入李芾甘写的《答郭沫若〈卖淫妇的饶舌〉》一文，原载1926年4月5日的《时事新报》副刊《学灯》，这是由于郭氏的《马克思进文庙》的文章，引起反共分子陶某的抗争，郭氏严厉地驳斥了这个反动派，芾甘氏"打抱不平"，半路里杀出来向郭氏疯狂地射击，不仅骂了郭氏"数典忘祖"的罪过（文中引了《共产党宣言》、《资本论》等

马克思著作），而且进一步把投枪对准马克思，说是上二书都是马克思抄袭别人著作，不过改头换面而已，还歪曲了恩格斯评考茨基氏的话作为斗争武器，确是一篇奇文。怪不得这本《矛盾集》的作者，反共分子陶某在书中收的《讨论〈马克思进文庙〉问题的始末》（原载《时事新报》副刊《学灯》）中，把芾甘氏引为同志，互为共鸣。巴金先生在他的青年时代是走了一段很弯曲的道路的，这恐怕也就是解放后他往往当“风派”，在各种运动中故作姿态的原因，原来他内心有很大的隐忧，不能不以高姿态来保获（笔者按：当为护）自己的生存耳。去年就找这个材料，一直没有着落，今天却意外地找到了它，真是“众里寻他千百度，回头蓦见那人却在灯火阑珊处”。

贾植芳对自己发现陶其情的《矛盾集》一书，说得很有意味：先说是无意间发现的；最后又说“去年就找这个材料，一直没有着落”。可见他蓄心已久，早知道有这本书，但一直没找到，而在这天无意中发现了。

日前，笔者也正好找到陶其情的《矛盾集》，认为值得介绍一下《矛盾集》和它的作者陶其情。

陶其情名声不显，网络上几乎没有他的任何一点信息。20世纪30年代前后，他却是文坛上一个活跃人物，以好笔战著称。在《洪水》《时事新报·学灯》《时代》《新评论》《东南论衡》《民国日报》等报刊屡刊文章，与郭沫若、胡适等人笔战，颇耸动视听于一时。

陶其情，上海人，出身于乡绅家庭（父亲陶锡类为清庠生、后毕业于江南师范学校），1928年秋毕业于大夏大学。他的朋友、著名记者许晚成说："知友陶君其情，与晚（许晚成自称）为大夏大学同学，学行纯笃，富研究性。历任国立中央大学、交通部商船专门等校教授，上海公私立中学师范等校训育主任，川沙县教育局局长；学术界，教育界知名士也。"

这册《矛盾集》是陶其情的第一本文集，出版于1933年1月，由暨南大学校长郑洪年题签，有上海市教育局长潘公展和内政部礼俗司长卢锡荣博士题词，由此可见他的社会关系和人际交往。

《矛盾集》分六辑：

第一辑：孔马异同的论辩

第二辑：佛体儒用的论辩

第三辑：抄袭问题的讨论

第四辑：封建问题的讨论

第五辑：胡适政论的批判

第六辑：胡适知行的评辟

还有两个附录：一个是革命正名的阐究，一个是矛盾集文件汇录。

巴金（署名李芾甘）的文章以节录的形式出现在这书的第一辑中，用贾植芳的话来说，就是"把芾甘氏引为同志，互为共鸣"。

日记中，贾植芳分析了49年之后巴金的道路，说他因为内心有着隐忧，所以往往表现出“风派”的姿态。所谓“风派”，乃是紧跟形势，永远取积极的站在形势前列的马前卒的姿态也。贾植芳此说，是他对49年之后的巴金其人其文的解读，见仁见智，这里不予置评。

再来看看贾植芳日记的第二个段落——

1979．11．23夜

上午在办公室工作时唐来，说巴公的儿子问他，有关他父亲的著译目录编得如何，说一定收集了不少材料，说是否给他爸爸看看云云。此公（笔者按：指巴金）大约很不放心。阅《沫若文集》十卷，那里有一篇《卖淫妇的饶舌》的文章，注中说：“此人乃李芾甘，即今之巴金——沫若注”。文中说，他写了《好读书不求甚解》后，出乎意外的一位无政府主义的青年在《学灯》上做了一篇文章，借考茨基骂列宁的话来骂我的“马克思主义的卖淫妇”，云云。郭此文写于1926年3月9日，巴公后来为此又写了一篇《读郭沫若〈卖淫妇的饶舌〉》，文中攻击郭氏“数典忘祖”，进一步攻击马恩为“文抄公”，拾当时西方资产阶级反共分子的谰言，怪不得他今天还担心编的目录也。

这是贾植芳就《沫若文集》第十卷的注进而说到陶其情《矛盾集》中所引的《读郭沫若〈卖淫妇的饶舌〉》一文，来解释为什么巴金要叫儿子前来说自己要看看“著译系年”的编写情况。这与上一个段落说到的“巴金的隐忧”是一个意思。这是贾植芳自己的看法和解释，未必就是巴金自己的意思。因为贾植芳日记又记载说，后来巴金读了这个著译系年，对于自己无政府主义时期一段，并无改动，正见晚年巴金的光明磊落，内心早已放下各种隐忧。

陶其情就孔（子）马（克思）异同的论辩，源自郭沫若的一篇《马克思进文庙》，当时陶还是大夏大学本科大二的学生。

从现在的观点看，郭沫若的这篇文章率尔成章，不过是心血来潮时写下的一篇随笔，对马克思主义并没有作过深入的研究。陶其情认为：“一个古代东亚唯心派的孔子，一个近代西欧唯物派的马克斯（思），他们的思想，当然冰炭难容了。新文学家郭沫若先生偏说马克斯（思）是孔子的老同志，而倡着马克斯（思）进文庙的理论，这不是曲解旁通之见吗？我便以郭氏之矛，攻郭氏之盾；毕究（竟）马克斯（思）到底不能进文庙啊。”他对郭沫若此文的批评自有其道理，并非出自政治立场的不同。

郭沫若和陶其情的论战中，巴金是打抱不平，从“半路里杀出来向郭氏疯狂地射击，不仅骂了郭氏‘数典忘祖’的罪过，还歪曲了恩格斯评考茨基氏的话作为斗争武器，确是一篇奇文”（贾植芳语）。

巴金的这篇文章，没有收入26卷本《巴金全集》，值得作点介绍，以明真相。不过，《矛盾集》中也没有全收，仅仅是节录，甚至只是该文章的一个尾巴，是节外生枝的几句话，且看巴金怎么说：

答郭沫若的《卖淫妇的饶舌》(节录)

李芾甘

我答复沫若的话已完了，现在再来附带说几句其他的话。沫若说马克思主义是中国古代的话“王道”，是“王道国家主义”。又说孔子的主张是和马克思相合的。这确实是不懂马克思主义的人说的话。我想沫若还是闭门“五年”把马克思的大著《资本论》译出来罢，“那时候或许还能够谈得更圆满一点。”然而现在沫若确不懂马克思主义。有名的唯物史观的公式（即经济学批评的序言）中有这样的话：“决定社会的，政治的及精神的生活历程者，乃是这物质的资料之生产方法。人类的意识不能决定人类的生活，而人类的生活反决定人类的意识。”假若沫若懂得这几句话，便不会说孔子的主张和马克思相合，也不会说马克思主义是中国古代的“王道”了。马克思主义之所以发生于十九世纪，而不发生于十六世纪，或纪元前，究竟是什么缘故？因为马克思主义是资本主义发达工业发达的产物。孔子与马克思所处的时代相差太远，孔子的生活决不会使他有马克思那样的思想。便是沫若所奉为经典的《共产党宣言》中也说：“人的理想，意见，观念，简言之，即人的意识，随着他的物质生活的条件，社会的关系，以及社会的生活变化而改变，岂不是人人都明白的吗？”（英文本三十九页）

然而现在却有一个马克思主义者武断说在春秋时代的那样物质的条件之下便发生了马克思那样的主义，这岂不是把他的祖师的“金言”忘在九霄云外，把他的祖师的经典抛在粪坑里去了吗？“这不消说可算得是天下的奇闻！”至于说古代井田制便是马克思的共产制（集产制），真是妙到极处！

沫若说：“像马克思那样的人物，他就做我的‘祖师’也当之无愧，而我也是事之不惭。”自然呵，昂格思（恩格斯）批评马克思说，他的本性原来搅乱的，阴谋的，狭量的，专制的人物。莫斯特虽然尊重马克思，却也说马克思是一个野心家。马克思并且曾帮助俄法政府诬巴枯宁为俄政府的经理。马克思又是一个抄袭家。《共产党宣言》大部分都是从昆西太郎的《十九世纪民主主义宣言》抄改来的。他的哲家任务的理论，也是从路易布朗的书抄来的。“无产阶级专政”的理论，也是抄巴布夫，路易勃朗诸人的书的。《资本论》的大部分都是从亚丹斯密，李加图及其他经济学家的著作中抄来的，还从当时报纸上抄了一大部分的事实。这样“一页复一页，一章复一章”（用罗素语），无怪乎这部书有如此之厚呢！（想来沫若是不会骂马克思“炫学斗狠的”。）柴尔凯索夫批评马克思说：“他把亚丹斯密的用语变更了一下，而取其价值学说的全部……他给了弥尔以有产阶级的恶名，置其著作于社会主义者不可接近的地位，然而他的利润之最小限度之倾向的理论却又取之于弥尔。”

（见柴氏《社会主义史》第十章《共党宣言的底本》）自然啊，这样伟大的人物做沫若的“祖师”也“当之无愧”，在沫若“也是事之不惭的”。

……

该文原刊于民国十五年四月五日《时事新报》副刊《学灯》，这里转录《矛盾集》的节录，正是贾植芳所看到的，结尾还有一节是针对《洪水》编者说的，这里未录。

笔者不拟在此纠缠马克思主义与孔子的异同，这是一个学术问题，自有专家来谈。在我看来，郭沫若、陶其情和巴金，在这个问题上都不是专家，都不配来谈这个问题。

我感到好奇的，还是巴金指责马克思抄袭的问题。巴金当年似乎很关注马克思著作的负面批评，收集了很多对马克思著作不利之处，在这篇文章集中展示了一次。这与他当年是无政府主义者当然不无关系，但似乎也太缺乏自己的判断，只能说耳食而已。

巴金毕竟是个作家，难说学者，其特点在这里也表露无遗。

至于贾植芳的日记，脱不了20世纪80年代前后知识分子的思想特征，现在看看，也不无好玩之处。

不够知己：温源宁与胡适交恶内幕

1933 年 10 月，温源宁脱离北京大学和北平其他几个大学的教职，南下来到上海。因钱基博推荐，由光华大学校长张寿镛聘为光华大学英文系教授，同时，他还担任英文版《中国评论》的编委。

1934 年起，温源宁在《中国评论》先后编发了《人物速写》《知交剪影》两个专栏，所刊很多都是自己所写，后来，温源宁把其中 17 篇抽出结集为《不够知己》出版。原书是英文，出中文版时，书名曾译为《一知半解》，钱锺书撰评时，把书名改译为《不够知己》，林语堂认为“雅切”。

钱锺书评该书是“富有《春秋》笔法的当代中国名人小传”。而“不够知己”这个书名，可以成为作者的一个免战牌：请原谅我说得不对，因为我和传主还不够知己。

这里且说说温源宁写胡适的一文，我下面引用的乃是江枫译本，先此声明。温源宁写胡适的一文，题目是《哲人，胡适博士》，粗读此文，洋洋乎都是称赞胡适的话语，细按之，却知不然，果然有春秋笔法在。该文第一句："胡适博士，在少数人心目中，不是一个厉害的对手就是一个非常好的朋友。"很显然，在作者这种"少数人"的心目中，胡适是一个"厉害的对手"。这样的评价，与鲁迅的看法很相似。鲁迅《忆刘半农君》里有个著名的比喻：

> 假如将韬略比作一间仓库罢，独秀先生的是外面竖一面大旗，大书道："内皆武器，来者小心！"但那门却开着的，里面有几枝（支）枪，几把刀，一目了然，用不着提防。适之先生的是紧紧的关着门，门上粘一条小纸条道："内无武器，请勿疑虑。"这自然可以是真的，但有些人——至少是我这样的人——有时总不免要侧着头想一想。半农却是令人不觉其有"武库"的一个人，所以我佩服陈胡，却亲近半农。

温源宁还有进一步的说法："胡博士，更像是由俗人变成的学者，而不是由学者变成的俗人。"此语何解？很明显是说胡适其俗在骨，虽然是学者，而不改其俗人的本性也。温源宁还把胡适称为"哲人"，这个称呼，并不等同于哲学家，据温源宁解释，是那种俗人、学者、实干家和哲学家的成分都有的人，可见并不是一个褒词。

温源宁由北京大学英文系主任（笔者按：1932 年胡适就文学院院长职，是他的顶头上司）而忽然放弃一切，南下沪滨，这是为什么?

不妨在《胡适日记》中寻找一点端倪。

查安徽教育出版社的《胡适日记全编》，其31年到33年之间，日记中提起温源宁的有三处，可见两人的确不够知己，互动不多。其中一处是英文系主任的选举，胡适记载到，温源宁得二票，得票不多，其中一票还是校长蒋梦麟所投，这是1931年的事，当时胡适还不是文学院院长。

1931年2月7日，胡适在日记中说：“与温源宁同吃饭，谈北大英文系的事。他近年最时髦，有‘身兼三主任、五教授’的名声。他今晚极力撇清，但我仍劝他不可自己毁了自己。”

这则记载，胡适虽对温源宁已有所不满，但还是站在友好的立场，对其的“时髦”有所规劝。

然而到了1933年6月17日，两人的关系大坏，胡适记载道：“温源宁来谈。此君太做作，可厌。”

请注意这个日期，正是这一学年结束，即将放暑假的时期，这个时期对于大学教授来说，也最为敏感，是续聘还是解聘，都在酝酿之中。被文学院长骂为可厌的温源宁，他和胡适之间究竟发生了什么?

由北京大学学生编辑出版的《北平周报》，有一个专栏是《学校新闻》，由北京各校的学生投稿揭载，都是各大学的内幕和花边新闻。这年10月29日发行的第43期《北平周报》中《学校新闻》有一篇《温源宁有回校意》，以当时深知内幕者的眼光谈到胡适与温源宁交恶的真相：

温源宁有回校意

北大前英文系主任温源宁氏，自胡适长文学院以来，即与之意见不合，时起冲突。前年徐志摩焚死于泰山后，二人意见更不相容，原徐氏为专任教授，月薪六百元，在中国各大学中，自为极优厚之位职，徐氏死后，胡适拟荐友代之，而温氏以此为主任全权，院长不能过问，且胸中已有目的人选，故对胡适此举极为不满，演成僵局，结果胡适战胜，温氏遂郁郁不乐，称病不到校者月余，后经蒋校长几次劝驾，然均因温氏饷以闭门羹，毫无结果。劝驾之学生虽前后相继，不绝于途，而所享之闭门羹则一也。后学校当局与温氏商妥，允其请假。主任一职由蒯叔平暂代，蒯本一女性，乏经验而恶事务之繁多，对学生之要求，尤不能负责进行，故不见欢迎于学生，蒯氏亦颇感事务繁杂之苦，故今年开学，绝不兼代而英文系主任之问题，逾难决焉。结果学校请无可无不可之史学系主任陈受颐兼代以了之。温氏自辞去主任之职，曾示意于学校，要求予以专任教授之职，而学校终以胡氏之反对颇坚，难于接受其意，温氏则以不就普通教授一职以要挟，结果温氏终难如愿，而去职。开学后温氏曾赴沪一行，希得相当位置，以时期过晚，未能如愿，又访友于南洋群岛之爪哇，期有收获，结果又徒劳往返。现仍寄居沪滨，据熟习温氏者谈，温氏仍有归北大英文系教授之意，如学校现刻或寒假聘之，仍不成问题，不然，恐为清华大学所捷足先登云云。

温源宁和胡适的共同朋友徐志摩的死也许是两人的分水岭。徐志摩是很多人友谊的润滑剂，温源宁和胡适之间也是这样。徐志摩死后，他遗留的专任教授职位，成了温源宁与胡适两方争夺的对象，当然，这不是私利之争，是权力之争。英文系主任，自然有权力安排英文系专任教授的空缺，而文学院院长也有权力安排属下英文系的教职。其结果，胡适取胜。温源宁由此郁郁不乐，称病不出。英文系主任暂由女教授蒯叔平代理，蒯氏甩手不干，再由史学系主任陈受颐兼代，逼得温源宁不得不辞去系主任之职，而欲改就专任教授，又因胡适反对，校方不便也不敢违逆胡适的意愿，不肯聘任，只肯聘任普通教授一职，这让前英文系主任温源宁情何以堪？当然坚决不就了。这样一来，温源宁和胡适的关系已经完全破裂，温在北京大学就没有了立足之地，不得不去职而被逼南下了。

然而，温源宁南下时间已晚，所以开始谋职没有成功。《温源宁有回校意》就谈到他在10月想做“回汤豆腐干”，然而为胡适所恶，温源宁连“回汤豆腐干”也做不成了，终于在上海留了下来。钱基博谕儿札曾提到温源宁赏识钱锺书：“昨日到家，得高昌运兄并汝航空快信，悉温源宁师招汝入城，欲介绍往伦敦大学东方语文学院，教中国语文。去不去又是一说；而温师此番有意玉汝于成，总属可感！”

这一回温源宁有困难，光华大学文学院长钱基博也投桃报李，对温源宁伸出了友谊之手，温源宁就因此在光华大学落了脚，同时又在英文《中国评论》中成为编委。这样，他笔下的胡适，也就可以和胡适日记中的温源宁对读一下了。

故纸堆：节日里的作家

俗话说：神仙也是凡人做，只是凡人心不坚。作家也是凡人做，却比凡人多一点坚心。这点坚心，使得他在平淡无奇的一生中，留下了很多文字纪录。这些纪录大部分不能厕身经典之列，不值得传诸后人，却也是作家心血的凝聚，静静停留在尘封的故纸堆里。翻开来看看，未必毫无价值，特别是鸳鸯蝴蝶派作家的作品，虽极率性随意，少见佳作，但优点则是接地气，与市民的生活与喜闻乐见契合无间，这里不妨就节日这个题目，摭拾一二，以为谈助。

作家在中秋

作家过中秋，与民众的中秋有同有不同，同的是别人怎么过，他也怎么过，程序上大抵如此；不同的是，他们有着敏锐的感觉和生花的妙笔，会当时或事后记录下来，并且，为了避免人云亦云，他们也得避熟就生，写出点与众不同的感受以飨读者。

不妨先来看看“哀情巨子”周瘦鹃的中秋月夜，他主要在怀人中度过——

> 小时节不知在哪一本书上读到了“饼圆如月藕大似船”两句话，从此每过中秋，总不知不觉的要记忆起来。
>
> 秋月下看紫罗兰，也颇有疏影横斜暗香浮动的幽致，宠以二十字：娟娟紫罗兰，幽花映月开，月照银屏角，花影上身来。
>
> 月夜怀人，有一种说不出的怅惘，忽又想起宋人周密周邦彦的词句来：愁是新愁，月是旧时月，我心在“个人”（笔者按：指周吟萍）心里。但不知“个人”的心，可在我心里不？
>
> 我家园子里有一个小池，其圆如月，中心立着一尊小爱神跨天鹅的石像。三五月明之夜，看鹅嘴里喷出水来，好似明珠一颗颗在跳动，圆月印在水面，有如美人儿妆台上的一面明镜，你将手去弄水时，仿佛真有掬水月在手的意味。我因名此池为弄月池。
>
> ……

周瘦鹃平生不离紫罗兰，紫罗兰既是他初恋（周吟萍，英文名紫罗兰）之痛，也是他一生的标记，用紫罗兰色墨水，编《紫罗花片》《紫罗兰》月刊，种紫罗兰花，这是大家都熟知的故事。他的中秋月夜，自然还是借紫罗兰怀恋所爱不遂的“紫罗兰”女士。看的是花，实在怀想的还是人，因此马上从花转移到人：月夜怀人，有一种说不出的怅惘。下面更是一发不可收拾，池里还弄了个小爱神来传情寄意，可惜这个池没有为他赢得爱，反而不久发生了一件惨事，他的爱子竟在池子里淹死了，不得已填平了这个池子，把小爱神移到盛开紫罗兰的花坛上去了。这一回，正应合了悲哀与钟情两个方面，不愧“哀情巨子”的称号。

周瘦鹃的中秋，有他独有的低回，别的作家则另有内涵，范烟桥照例是掌故，他的《走月亮》说：

> 月到中秋分外明。享乐的苏州人，在这分外光明的月下，都要上街走走，名叫“走月亮”，成为一种习俗。
>
> 这平凡的习俗，听说在从前时候，和婚姻问题，也有点关系。当然啰，从前的婚姻，那是买卖式，穷小子没有聘金，便没有妻子。唯一的救济方法，只有“抢亲”。
>
> 可是“抢亲”在过去的苏州，却无例可援。文弱的苏州人，都不肯做这种野蛮的劫夺的勾当，因此有许多穷小子便利用“走月亮”，想出一个妙法来。事前和女家接洽妥当，到了中秋之夜，少女踏着地上的月光，走到男家去开始团圞的生活。
>
> 一个老人这样地告诉我，他恐怕我不信，还举一个例说：× 状元的太太，便是乘着“走月亮”的机会，走到男家去的一个少女。

范烟桥没说是哪位状元的妻子，不要求彩礼，近乎私奔自愿地来到了贫穷的夫家。更多时候，“走月亮”则是苏州人中秋很平常的习俗：

> 中秋晚上，妇女们打扮得千娇百媚，结队出游，或者拜访亲友，或者随喜尼庵，此来彼往，络绎不绝，直到鸡声喔喔，东方既白，犹婆娑月下，不忍回去，这就叫做“走月亮”。（谭�《中秋礼俗志》）

这是清末中秋礼俗，民国初年仕女走月亮稍有变化，简化成了月下踏八步，以祛病健身也。

中秋还有蟾宫折桂有关，盖科举秋闱正此时举行，所以中秋在科举未废时和已废的后续年份中，还有供斗习俗。1935 年，《苏州明报》提到供斗则这样说：

> 供斗，所谓供斗，就是说供魁星手里的斗，中秋与月亮有关，蟾宫折桂，要考状元用的。供月必焚香斗，斗之顶，则有一金面魁星，斗之旁，则有若干灿烂之纸旗。

供斗原与斋月宫是二而一的，魁星在天，月神圆满，两处一并祭祀了。中秋礼俗很多，我国幅员广大，各处风俗变化传承不一，据 1943 年《春秋》第二期《中秋礼俗志》列举，大致有如下种种：端正月、团圆月、走月亮、牡丹生日、月光书、看大香斗、堆宝塔、玩月、竖中秋、摸秋求子、观钱塘潮、食塘鱼、烧瓦子灯、打中秋炮、落桂子、占阴晴、测命运、舞草龙。这正是当年作家笔下的中秋故事。

作家在新年

作家对新年的纪录，很多时候都有点无奈。一旦成为作家，至少都脱离了童年，于是，新年对于他，再也不是民俗的丰富多彩给他带来的新奇感受，而是负担，家庭的负担和各种纷乱繁忙的人际交往。除非叫他回忆过去的新年，他的笔下才会有些温情和愉悦，不然的话，总免不了很多牢骚。1923 年《红杂志》第二十八期、第二十九期，《半月》第二卷第二十三期有很多鸳蝴作家有关新年的文章。

周瘦鹃主编《半月》，弄了一个新年特大号，到处约稿，自己也还是不免感概："到得马齿加增，一年一年的长大，那新年的乐趣，也就一年一年的减少了。"(周瘦鹃《新年之回顾》)

毕倚虹《新年之回顾》一开头就这么说：

> 人生三十后，颇多怀旧之思。三十以前，悠悠忽忽，不觉也。余有诗云："说剑看花两无赖，人生三十渐消沉。"亦可慨也。每届新年，感旧之念弥甚，《半月》刊春节号，瘦鹃索稿于余，余曰："稿无，但有一肚皮旧思想耳。"

毕倚虹最后一句，从苏东坡故事的“一肚皮不合时宜”化出，所谓旧思想，也是就过时的想法也。

徐卓呆是一位滑稽作家，他对于新年的感受也滑稽不起来，不过是多写文章挣钱要紧。他说：“我是个过日子怕有变化的人，所以对于一年中这特异的新年，不能发生什么趣味。因此新年的趣事，也很少很少了。不过我这种无味的新年观，大约年纪愈大，这年头愈深。在近年来的新年，更是闭门不出，终日在家里执笔，反而比平日要认真很多咧。”

王西神《我家之新年》：“年年有新年，亦人人有新年，似新年二字，仅为时令上之一种过渡名词，并无纪念之价值。况生亦有涯，年运无尽，故年逐时新，人随岁旧，以旧人过新年，更有何趣味之可言？吾辈入此五浊世界，强支傲骨，随俗浮沉。当其少时，嬉酣淋漓，视天下事若一无措意，及乎青毡老我，白眼看人，哀乐无端，中年已到，有家室之累人，有妻孥之困我，有人间世一切虚文缛节之酬酢，自恨年光无倒流之法，不能缩吾身复为童孺时代。”那么王西神在新年中做些什么呢？据他自己说：“新年中人事较少，地既偏僻，客亦不来，日取图书金玉，玩味摩挲，便足坐消长日。”他是兼玩古董的，20 世纪 40 年代初，他在南京大买劫后流失的古董文物，闻名一时，1942 年死于南京。

我这么写民国作家的新年，多少有点煞风景，如果换个人来写，必定会给看官捧出一份民俗大餐，让大家就丰盛的菜肴、多样的民俗回味一番，享享眼福，过屠门而大嚼，虽不得肉，聊且快意。虽然这些事大家耳熟能详，只要说得好，还是可以让人逸兴遄飞，让中华民族的传统焕发正能量，然而，民国作家实在过得并不开心，虽然很多人有大房子小园林，但翻开故纸堆，他们留下的文章，却没有活得如周瘦鹃50年代和女儿的信《姑苏书简》那么兴兴头头，充溢喜乐。令人兴奋的时代精神，值得怀疑，换句话说，民国作家笔下的牢骚，更接近一个中年人生活的真实。我读《姑苏书简》，跌破眼镜，泣血杜鹃忽然变作大唱赞歌的喜鹊，这变化也只有伟大领袖毛主席这双出神入化有魔法的双手才行了。

最后，顺便说说新年之后的元宵灯节，幽默作家程瞻庐在《红杂志》第30期（1922年）有《灯节》一文，对民国的现状，发了一大通牢骚：

> 现在的灯节，毕竟怎么样呢？我在灯下搜索了多时，实在想不出许多兴会淋漓的话，把来点缀现在的灯景，只好随意说几句灯字的俗语，穿插穿插时局罢了。“灿烂光明”的中华民国，忽忽已是12年了。政治舞台上，也该搬演几出“满堂灯彩”的好戏，然而搬演了12年，毕竟搬演的是什么戏呢？说得好时，叫作“外甥提灯笼”不过照旧罢了。说得不好时，简直是“黑漆皮灯笼”一些儿不透光明。讲到这些主要角色，在那没有登台的当儿，仿佛“灯下美人”似的，模样儿很不弱，比及上台以后，只落得几声倒彩，宛比“雨打纸灯笼”，筋出骨出，本相尽显，还有那些不争

气的角色，被人喝下台，躲过几时，重又上台来鬼混，“乡下人弗识走马灯”，唤作“又来了”。

程瞻庐先生的元宵节，他说自己过成了“灯笼壳子做枕头”，意思是小百姓永远无梦可做的。

笔者按：本篇主要取材《半月》《红杂志》《苏州明报》等20世纪二三十年代报刊，即所谓故纸堆也。

别了，梁实秋教授

说梁实秋英文不好，任谁都不信，兴许还会被人骂成白痴。大家知道，梁实秋出身清华留美学校，在美国哈佛大学受教于白璧德教授，回国后又在山东大学任外文系主任兼图书馆馆长，抗战时，梁实秋又是国立编译馆翻译委员会主任委员，他还是《莎士比亚全集》的翻译者，《远东英汉大辞典》的主编人，怎么说也不能说他英文不好。

然而，北京大学学生一度曾认定梁实秋英文不好，而联合起来要把他赶下讲台，把他搞得相当狼狈。

这是关于梁实秋的一点掌故，发生在 1934 年北大新学年开学初。

1934 年 9 月，梁实秋被时任北大文学院院长的胡适从青岛山东大学聘请到北京大学任英文教授，具体讲授英国文学史和英文诗歌这两门课程。

自 1933 年 9 月，外国语言文学系主任温源宁离职后，北京大学的外文系主任一职一直没有专任，先是由蒋梦麟校长自兼，半年后又由胡适兼代。这年9月，新开学的北大学生，得悉胡适帮他们聘到了山东大学的外文系主任梁实秋任该系教授，他不但出身清华，留学美国哈佛，还是一位鼎鼎大名的新月派文人，他对骂人甚有研究，曾化名秋郎出版《骂人的艺术》。这样的一位教授，自然使北大学生充满了期待。

开学之初，梁实秋登台讲课，果然引起了北大学生的好奇，教室里一下聚集了一百多号人前来听讲，可谓盛况。胡适听说了，放下一颗心。胡适与梁实秋是旧交，办《新月》月刊，两人互动更多。这次聘请梁实秋到北大任教，胡适曾在家设宴为他洗尘，以表欢迎。梁实秋的学问与见识，胡适知道得很清楚，哪会有错？

然而，很快的，北大学生对梁实秋的课就有了诸多不满。

据《梁实秋在北大》（署名BF，见于《大学新闻周报》第一卷第一期）一文说：

> 首先梁先生来上课时用中国官话讲解英国文学史，就引起英文系同学的不满意。据学校当局说：这是为普遍起见，所以梁先生之不用英语讲解英文，好像是为了顾全别系的同学也得有个机会受梁先生的教。并且还有人例举周作人先生之讲日本文学史不用日本语，就是先例。其实据同学们多方的探察，才知梁先生虽然满腹文章，号称精通英文文学者，他实在是不能用英语讲授，所以英文系二年级的同学们于听觉的训练上就失掉了一个机会！

这还是其一，梁实秋对学生的态度，也使曾受教于纯用英语上课的温源宁的外文系学生失望。

第一堂英国文学史，他（梁实秋）就向同学先述他的态度。他的大意谓："我向大家讲这门课程，其材料的来源我不告诉大家。假如你们有看书看得多者，知道这是从何处节取来的，也没多大关系，总之，我就照着这样讲下去。"……后来梁先生上英文诗的课堂，又宣明他的态度，他说："我教你们读诗，就是读诗而已。至于诗的内容，诗的音调，如何去鉴赏，我都不照（教？）。"像梁先生这样大的口气，同学们如何受得！

英文系二年级的同学们不干了，他们必须赶这个梁实秋走路，如果他不走，就不惜罢课。经过商议，同学们给梁实秋写了一封英文的"哀的美敦书"，这里翻译成中文：

梁教授：

从你上周二、上周三的演讲来看，你对文学和诗歌研究的态度我们难以接受。为了避免咱们之间的争论，我们决定不再多说了，再见，梁先生。这是我们对你的最后通牒。你最好不要再出现在我们面前，如果你不信我们的话，我们将罢课抗议。

英语系二年级

这封信要言不烦，写得相当直接干脆，有你没我，有我没你。

同时，大家又在讲堂上贴出通知，凡是梁实秋来上课，我们一律罢课。

梁实秋年少气盛，接到这封来者不善的哀的美敦书后，二话不说，马上“自行解任退聘”，并把这封气势汹汹的信拿到胡适面前。

文学院院长胡适哪能坐视眼下发生的事情，梁实秋是自己聘请来的，又是自己的朋友，不到一个月就被学生莫名其妙地赶走，攸关自己的颜面，更是对胡适权威的公然挑战。

第二天，文学院揭示处贴出一张布告，乃是对学生驱梁作出的反应，布告署名胡适，还盖上了印章。

各系学生：

对于课程、学业，如有意见，均可由个人签名负责向院长及系主任陈述。倘有用匿名函件，攻讦教员或用匿名揭帖，鼓动罢班者，一经查实，定行严惩。

胡适

胡适随即召集英文系二年级全体同学谈话，要他们推出五个代表，进行磋商。

胡适脸色严峻地追问：这封信是谁写的？

是我们全体同学的意思。

胡适一听是大家的意思，随即放下紧张的情绪，问大家原因。

知道大家对梁实秋的不满后，胡适“态度和平了，向大家鼓励一番”，然后，胡适向大家保证：梁实秋教授的英文水平极佳，大家肯定误会了。要梁教授用英文上课，完全没问题。不过，你们必须释放善意，让梁教授放弃辞职的念头，回任英文系教授。

胡适拿出“一张辞意婉转的条子，要五代表签字，五代表把字签了，意在要梁先生回任”。就这样，这次驱梁事件和平结束。

梁实秋戒慎恐惧，改变了此前对北大学生的态度，改用英文上课，终于重新赢得了北大学生的尊重，胡适也在不久之后，任梁实秋为外国语言文学系主任。

此事《胡适日记》只字不载，只有 9 月 17 日，梁实秋约吃饭的记载。联系学生致梁信“上周二、上周三”的内容，据此分析，梁实秋约吃饭应该就是为这个事情，而学生对梁实秋的不满就发生在 9 月的上中旬。

这个故事，刊于当年 10 月 5 日的《大学新闻周报》，题目是《梁实秋在北大》，还有两个副题：

> 来哉！新月派文人底桂冠够多么漂亮！
>
> 险矣！一封匿名信，同学们要请他 farewell！

从“来哉”一词来看，这位作者大概来自江南。

（感谢宋希於先生为我翻译了上文所引的北大学生致梁实秋英文信件）

从一次笔战看徐悲鸿和刘海粟的恩怨

1932 年 10 月 15 日，刘海粟欧游作品展览会在上海北京路、贵州路口湖社开幕。作为欧游后的首次亮相，刘海粟做足了工夫，请了新崛起的海上作家曾今可为他的展览写了一个序：《刘海粟欧游作品展览会序》（写于 10 月 1 日）。

不妨先介绍一下曾今可。曾今可就是那个提倡词的解放的作家，他所写的经他解放了的词，其中一阕《画堂春》有这样的名句："偶然消遣本无妨，打打麻将"，"都喝干杯中酒，国事管他娘"。从词的角度看，曾今可是提倡俚语鄙词入词，无可厚非；从内容看，他也是一个标准的"愤青"，小文人借机发发牢骚。一时间，曾今可在沪上名声大震。

在这篇序中，曾今可极尽吹捧之能事，说："刘海粟先生是一个中国的伟大的艺术家，同时是个世界的伟大的艺术家。他的画已经有了国际的荣誉，已经被法国政府购藏于巴黎国家美术馆，且被誉为'中国文艺复兴之大师'了，国内名画家徐悲鸿、林风眠……都是他的学生。"这还不算，他又说："我觉得，如果海粟先生的画略谓平庸一点，我或者还可以随便说句什么话，但他的作品是这般的伟大，伟大得使人不敢开口！我还有什么话好说？”这话够肉麻了。文人谀辞，不懂分寸，必然引旁人不快。

序文随即刊于曾今可主编的《新时代》月刊。此文甫一刊出，就激怒了一个人，即上文点名的一位：徐悲鸿。

徐悲鸿是个个性非常鲜明强烈的艺术家，他向来崇尚的是独持己见和一意孤行，这样不羁的不为世俗所囿的人怎能忍受一点人世的虚伪浮躁，特别是艺术上的观点？说错可谅，吹牛就难忍了。

他随即在《申报》（11 月 3 日）上发了一个启事，对刘海粟大肆抨击：

徐悲鸿启事

民国初年，有甬人乌某，在沪爱而近路，后迁横浜路，设一图画美术院者。与其同学杨某等，俱周湘之徒也。该院既无解剖透视美术史等要科，并半身石膏模型一具都无，惟赖北京路旧书中插图为范，盖一纯粹之野鸡学校也。时吾年未二十，来自田间，诚悫之愚，惑于广告，茫然不知其详。既而鄙画也成该院函授稿本。数月他去，乃学于震旦，始习素描。后游日本，及留学欧洲。今有曾某者，为一文载某杂志，指吾为刘某之徒，不识刘某亦此野鸡学校中人否？鄙人于此野鸡学校，固不认一切人为师也。鄙人在欧八年，虽无荣誉，却未尝持一与美术学校校长照片，视为无上荣宠。此类照片，吾有甚多，只作纪念，不作他用。博物院画，人皆有之，吾亦有之，既不奉赠，亦不央求。伟大牛皮，通人齿冷。以此为艺，其艺可知。昔玄奘入印，询求正教，今流氓西渡，惟学吹牛。学术前途，有何希望？师道应尊，但不存于野鸡学校。因其目的在营业欺诈，为学术界败类，无耻之尤也。曾某意在侮辱，故不容缄默。惟海上鬼蜮，难以究诘，恕不再登，伏祈公鉴。

这篇启事，针对的是三个方面：一个是图画美术院是一个野鸡学校；一个是刘海粟在吹牛，是学术界的败类，无耻之尤；一个是作者曾今可是海上鬼蜮。

说图画美术院是野鸡学校，徐悲鸿所持的证据是：设置科目不全，只是摹画旧书插图。他承认自己进过该学校，原因是“惑于广告”，数月后失望离开。其实，当年对于野鸡学校还有一个定义，就是没有通过国民政府教育部的注册。说刘海粟吹牛的证据有二：一张与美术学校校长合影的照片，只是一般纪念，不能说明什么，而刘海粟这是在招摇。自己的画进入博物院，也不稀奇，很多人都办得到。

然后，徐悲鸿点明自己刊登启事的主要原因，在于“曾某意在侮辱，故不容缄默”，侮辱他什么呢？侮辱他是刘海粟的学生也。正因为他内心对刘海粟的人格品行很不齿，所以看到竟有人说他是刘海粟的学生，就感觉到是一种侮辱。

徐悲鸿这则启事在 11 月 5 日《申报》又刊登了一次，其中“艺术界败类”，改成了更厉害的“艺术界蟊贼”。

面对这样的抨击和指责，刘海粟自然也不容缄默。于是一场短兵相接的笔战于焉展开。刘海粟也刊登启事（11 月 5 日）反击：

刘海粟启事

第三卷第三期新时代杂志，曾今可先生刊有评拙作画展一文。曾先生亦非素识，文中所言，纯出衷心，固不失文艺批评家之风度。不谓引起徐某嫉视，不惜谩骂，指图画美术院为野鸡学校。实则图画美术院即美专前身，彼时鄙人年未弱冠，苦心经营。即以徐某所指石膏模型一具都无而言，须知在中国之创用“石膏模型”及“人体模特儿”者，即为图画美术院经几次苦斗？（，）为国人所共知。此非“艺术绅士”如徐某者所能抹杀。且美专二十一年来，生徒遍海内外，影响所及，已成时代思潮，亦非一二人所能以爱恶生死之。鄙人身许艺学，本良知良能，独行其是，谗言毁谤，受之有素，无所顾惜。徐某尝为文斥近世艺坛宗师塞尚玛提斯为“流氓”，其思想如此，早为识者所鄙。今影射鄙人为“流氓”，殊不足奇。今后鄙人又多一“艺术流氓”之头衔矣。惟彼日以“艺术绅士”自期，故其艺沦于“官学派”而不能自拔。法国画院之尊严，稍具常识者皆知之，奉赠既所不受，央求亦不可得，嫉视何为？真理如经天日月，亘万古而长明，容晦有冥，亦一时之暂耳，鄙人无所畏焉。

从世俗名声上讲，刘海粟也是和胡适一样，属于暴得大名的人物。当年刘海粟因为首次使用女模特儿，与军阀战，而早为世人所知，有“艺术叛徒”之称，这是他的光荣历史。对于野鸡学校的攻击，最好的反驳是逻辑和证据，对于徐悲鸿“流氓”的指责，他则偷换了概念，并以此抬高身价：你徐悲鸿骂过塞尚是“流氓”，今骂我是“流氓”，可见眼光和思想都成问题。其实，这是混为一谈，徐悲鸿骂刘海粟“流氓”，是他的招摇和吹牛。刘海粟在启事最后又进行了反击：他的画进法国画院，并不简单，你这是嫉妒。这样的反击其实有点无力，因为徐悲鸿早说过“人皆有之，吾亦有之”，何来嫉视一说？当然，把论敌指为嫉妒，也正是抬高自己的一法。徐悲鸿在启事中把刘海粟踩到地下，刘海粟则不得不认徐悲鸿是“官学派”（相当如今所说的学院派），还悻悻然指他为“艺术绅士”，与他的“艺术流氓”的头衔异途，表示日月经天，无损于我丝毫。

这里他把曾今可的序文说成是“评拙作画展一文”，也是偷换概念。须知，序文和评论不是一回事，序文是和画展相始终的，不请别人写，是不可能适时出现的，评论则是画展的观后，往往后于画展开幕，虽然也有应约和自动的不同。曾文写于画展前半月，很明显是应约而作，甚至是基于友谊或付了钱的吹捧文。

同日《申报》还有曾今可启事一则，录下：

曾今可启事

昨阅申报，徐悲鸿先生词以《新时代》月刊三卷三期拙稿《刘海粟欧游作品展览会序》一文为“意在侮辱”。查今可认识徐悲鸿先生在认识刘海粟先生之前，彼此都是朋友，固无所厚薄。拙文中亦并无侮辱徐先生之处。此启。

从这则启事来看，曾今可似乎未弄清原因，只想作和事老。他主要针对的是徐悲鸿启事中的“意在侮辱”一语。说实在的，就曾今可的主观意思，确实不是要侮辱徐悲鸿，他只是在为刘海粟锦上添花，但这朵花对于双方而言，却都是有毒的。

对于刘海粟的应战，徐悲鸿还有话说，启事战进入第二轮（11月9日）：

徐悲鸿启事

海粟启事谓不佞“法国院体……”，此又用其所长厚诬他人之故智也。人体研究，务极精确，西洋古今老牌大师，未有不然者也。不佞主张写实主义，不自今日，不止一年，试征吾向所标榜之中外人物，与己所发表之数百幅稿与画，有自背其旨者否？惟知耻者，虽不剽窃他人一笔，不敢贸然自夸创造，今乃指为院体，其彰明之诬如此！范人模型之始见于中国，在北京，在上海，抑在广东，考证者当知其详。特此物之用，用在取作师资，其名之所由立也；今立范而无取，是投机也。文艺之兴，须见真美；丑恶之增，适形衰落。日月经天，江河行地，伟大哉牛皮！急不忘皮，念念在兹。但乞灵于皮，曷若乞灵于学；学而可致，何必甘心认为流氓？笔墨之争，汝仍不及；（除非撒谎）绘画之事，容有可为！先洗俗骨，除骄气，亲有道，用苦功，待汝十年，我不诬汝！（乞阅报诸公，恕我放肆！罪过！罪过！）

这篇启事，徐悲鸿在澄清自己的主张为写实主义外，还顺便刺了一句：惟知耻者，虽不剽窃他人一笔，不敢贸然自夸创造。则可知在徐悲鸿的眼中，刘海粟往往自夸创造，且剽窃他人的笔法也。这也与后面的话呼应：洗俗骨，除骄气，亲有道，用苦功。可知在徐悲鸿的眼中，刘海粟的画艺及人品简直毛病多多，即使是笔战，他也自下判断说：除非撒谎，汝仍不及，显示了徐悲鸿的强大自信。呵呵。笔战声口如见，在此，我也同意徐悲鸿的看法。

徐悲鸿的两则启事，对刘海粟的人品画品都作了抨击，对刘海粟相当鄙视，这是徐悲鸿的看法，正像刘海粟的启事，对徐悲鸿的回应，反映的也只是刘海粟的看法一样。

文人总是这么相轻。

这是 20 世纪 30 年代初的论争和笔战，刘海粟的绘画艺术后来如何评价，这不是早逝的徐悲鸿所知了，更不能因此在半个多世纪前一言定论。

此三则启事，当年刊登在《申报》，后又为吴坤仁收入所编的《真正老牌正统派幽默文选》一书（该书 1933 年 3 月群众图书公司出版）。

因文惹祸的曾今可，后来把《刘海粟欧游作品展览会序》一文收入了自己的杂文集《小鸟集》，于 1933 年 1 月在新时代书局出版。收入书中时，他已偷偷做了改动，抹去了徐悲鸿、林风眠的名字。原句作：国内名画家徐悲鸿、林风眠……都是他的学生。被改成了：国内名画家大都是他的学生。

为了解纷，曾今可又写了一篇文章——《从艺术说到刘海粟与徐悲鸿》。不过，他在文中强调自己的那篇序，是应刘海粟要求写的。文中叙述写序的经过：

> 两个月以前，刘海粟先生要我替他的欧游作品展览会写一篇序文，我就随便写了一点寄去。那时我因为有事急于要到扬州去，那篇文章的确是很随便地写成的。等我从扬州回到上海，刘先生的展览会已经开幕了。我的那篇随便写成的序文也随着许多大官名流的题序在《刘海粟欧游作品展览会特刊》上发现了。后来又承刘先生将我那篇拙文抄了一份寄回来，要我在《新时代月刊》上发表，故该文又见之于《新时代月刊》第三卷第三期。万不料一篇这样随便写成的文章，后来竟惹起了徐悲鸿先生与刘海粟先生的一阵笔战。

文章是为自己辩护，也是为自己卸责的。自然也为自己的朋友刘海粟说话，就拿上引一节来说，他提到大官名流的题序，正是绑架他们为自己辩护的好手法，也是自己和刘海粟最好的挡箭牌。刘海粟之所以不和徐悲鸿笔战下去，正是由于大官名流的劝和，使得这场笔战及时而止，不能说哪方赢了输了。曾今可与刘海粟两人交往甚密，美专二十周年纪念庆祝大会，还被请去做了《艺术上三个必要的条件》的演讲。

我们后人看这场笔战，看到旧上海文艺界的种种现象，看到徐悲鸿和刘海粟的不同个性，这些其实都是人类共有的东西，至今还在不断演出，是人类的常态，也是当今的新常态。

苏州美专的女模特儿

1920年，上海美专在刘海粟的主持下第一次采用女模特儿，在沪上掀起了轩然大波。在苏州，人们熟知的苏州美专，当年还没有创办。1922年，苏州美专在海红坊创办。当年，颜文樑可不敢在相对上海来说还是封闭的内地——苏州请女模特儿。说实在的，即使有心要请，在苏州要找到一个愿意牺牲色相，供人写生的女性，也是千难万难。

一开始，苏州美专只请了老人做模特，一直要到1930年，胡粹中代理校长时（颜文樑留学法国），苏州美专才真正请到了一个女模特儿。

这年3月底，《大光明》有署名离人的文章《纪美专一模特儿》，谈到苏州美专终于辗转设法，请到了一个女模特，月薪三十元。

这应该是苏州美专第一个专职的女模特。

这个女模特乃是司前街钟表店店主之女，“肌肉瘦削，难当标准之选择”，又说“此模特儿每日仅献身一小时，除月满鸿沟时外，卒复托故交际事繁，时常请假，故该校对之，亦殊未能满意也”。

这是该年 3 月记者获知的信息，孰料到 4 月初，女模特与美专校方就出现了无法修复的裂痕。

据《大光明》4 月 3 日的报道：4 月 1 日，美专写生科，“诸生方执笔上课，秋水望穿，模特儿乃迟迟不至，主事者乃持片往速鱼轩，臧获返报，谓模特儿于昨夕灭烛留髡，今朝恐不能到校矣。”

这里有三个词恐怕要稍作解释：鱼轩，以车乘代指女模特儿，即叫了三轮车去催请。臧获，指校役。留髡，留男子嫖宿。这里是说，女模特到点没来，请校役拿着校长的名片去喊，一问，才知道女模特儿和姘夫过夜，还在睡觉，无法准时到校了。一般来说，只需叫校役去喊一下，这次是雇车并持名片去喊，实际上就是下最后通牒的意味了。

胡粹中校长闻报大怒，即刻下令和女模特儿解约了事。

一个多月后，关于女模特儿的消息，又出现在《大光明》上，说该女还是暗门子的妓女（操神女生涯），只要花费“十羊”（十元），就可以“真个销魂”。因此，凡“夜有招游，晨必托故缺席”。不过，一个月中，女模特的生活倒发生了极大变化，她居然从良嫁人了。“嗣为某队长所垂青，以五百金量珠聘去。列于妾媵，金屋藏娇，西施固得庆有主。”

这就是苏州美专第一个女模特的故事，只在美专断断续续待了一个多月，不知留下了多少写生？

美专的第一个女模特儿竟然是一个暗门子妓女，这并不值得奇怪。在20世纪20年代末叶的苏州，如果不是妓女，谁愿意来做美专的裸模，供男女小青年们画来画去呢？而作为美专，舆论所关注，经常托故缺席，还不是一个很严重的问题，雇用一个妓女，则名誉攸关，会使社会人士担心美专男女学生会因此堕落，胡粹中校长一怒解约，也就是必然之举了。

苏州美专启用女模特儿，在苏州社会上并没有引起当年上海美专这样的波澜，毕竟时序上又过去了十年。十年于人的观念之改变，无疑是相当大的。

就这样，苏州美专的第一个女模特儿，乔司空巷钟表店店主的女儿，因为“日参无遮大会，夜入秘戏之图”，不能准时出席学校的写生课。美专不但有男生，还有女生，难免不受此女的影响，学生背后还有掏钱供应学生学习的家长，学校当局担心校誉受损，一怒之下，解除了这个女模特的工作。

然而，人体写生课一经开始，不能遽尔停止。怎么办？总不能因噎废食，这会影响学生学习西洋画的积极性和成绩，对于此后的招生也颇有不可预知的影响。然而，一时间在苏州要再觅一个女模特儿，谈何容易？胡粹中校长犯了难，接连托人在苏州找了几天，毫无结果，只得另想他法，到上海试试。

上海是远东第一大都市，上海美专使用女模特儿的历史，已经有十多年时间，我们可以在网上搜到一张美专师生和裸模合拍的照片，照片中，女模特儿挤在男性之间，赤裸示人（虽然脸部侧转），毫无赧颜羞色，可见当年上海的开放程度。那么，请上海各大美术学校帮忙找一个女模，应该是可行的事情。虽然，肯不肯来苏州，还是一个疑问。

胡粹中随即修书数封，和上海美专、艺大等友人联系，看看他们能否作个曹邱（介绍人，中间人），物色到合适的人选。果然，不久之后，上海艺大就荐举了一个模特儿到苏州来。据襟花的《沧浪春色已老去》一文说："徐娘年度，以肉体之道论，则较前者略为筹胜，姿色则亦殊平泛，犹如老去之春光。"看来，新的上海女模特儿年纪已是老大了，就这样的人才，月薪比苏州本地的贵，要每月四十元，还要安排住宿。

对于苏州美专来说，不能要求过高，屠门大嚼，即使徐娘半老，也总是聊胜于无。一个美术专门学校，有女模特儿和没有女模特儿毕竟大不相同。这个女模特儿，据说姓仇，所谓十洲后人。来苏州后，就居住在沧浪亭，美专为她安排的宿舍里。报纸记者调侃说：沧浪之水，水清水浊，正可以濯其足濯其发了。

这个女模特儿，在苏州美专大概停留过比较长的时间，此后，报纸上少有这方面的消息。直到 1933 年 4 月初，《大光明》又一次关注到苏州美专的女模特儿，说美专的女模特儿，"旋雇旋歇"，其间还有一登新舞台的某女伶（似指花美玉），也兼职做过女模，而最近又雇到一个，乃是卖豆腐花小贩的妻子，名叫阿翠，无锡人。

这个阿翠女士，由美专教授孙文林先生介绍，"雇用代价，不以钟点计，仅月支二十元而已"。这种工价，大概与 30 年代初世界经济大萧条有关，且苏州贫妇，不足与海上女模争竟，美专也是欺其未见世面，只有上海女模的一半工资。而阿翠，即使就这么点工薪，“生活殊节俭，月入之数虽微，但仍分润五羊与所天者云”，也就是说，阿翠生活相当节俭，每月的二十元工资还要上缴丈夫五元。记者笔下，很有同情阿翠的味道。

画家、散文家倪贻德1934年夏曾参访过苏州美专，在沧浪亭停留了半天时间。他写于7月8日的《苏游漫笔》中，也提到了苏州美专的女模特儿：

> ……尤其是那个少女模特儿，给我以最好的感觉，那是一个不过十七八的处女模样的少女，富有圆味的酮体和四肢，恰恰发达到适度的样子，红润的皮肤里，流着青春的血液，那丰满的乳头，那肥润的小腹，那一对灵活的眼睛……这样理想的模特儿，在中国还是很少看见。有人问我参观了苏州美专之后，可有什么印象？我说：“只有这个模特儿给我的印象最深了”。

倪贻德见到的这个十七八岁的处女模特儿，应该不是一年前那个阿翠了。这个模特儿给画家留下了美好的感觉，他用了“圆味”这个词来形容模特儿的身体，因为他说过：不论什么物体，凡是带有圆味的，都能使我们看了身心中起一种适当的调和与愉快，尤其是感觉特别发达的画家。

关于苏州美专女模特儿的记载，我看到的就这些，当女模特儿这个职业越来越平常时，人们就不再关注了，她们只留在画家的眼中和画家的笔下纸上了。

张充和北大入学记

张充和于1934年进入北京大学国文系读书，关于她就读北大事，百度百科有如下的说法：

> 1933年，沈从文与三姐兆和在北京结婚，充和去参加婚礼，随后就一直居京。家里人劝她考大学，她也想不妨一试，于是就到北大旁听。当时北大入学考试要考国文、史地、数学和英文，充和见到数学就头大，她在16岁前根本就不知道什么叫几何、代数。她干脆放弃，把复习的精力全用在其他三科上。
>
> 第二年临考的那天，家人为她备好圆规、三角尺等作图工具。她说“没用”，因为她连题目都看不懂。数学当然得了零分。但她的国文考了满分，尤其是作文《我的中学生活》写得文采飞扬，受到阅卷老师的激赏（充和后来说，作文是她面壁虚构的）。试务委员会资深评委（笔者注：有人指为胡适，他时为中文系主任）希望录取这名优异生。然

> 录取规则明文规定，凡有一科为零分者不予录取。试务委员会向阅数学卷老师施压，希望网开一面（通融一下）给几分。那阅卷先生不吃硬，复判后，仍给零分。试务委员会爱才心切，不得已“破格录取”了她。当时北京报纸在大学新闻栏报道此事，不过说该生名“张旋”——那是充和有意用的假名，连她的中学文凭也是假的，是弟弟宗和托在宁夏当中学校长的朋友帮忙出具的。充和此举一是怕用真名考不取，给张家人丢脸，二是不想让北大方面知道她与兆和是姐妹，从而联想到沈从文。

这段文章，从叙述角度看，应该来自张充和的家人，或许就出自《最后的闺秀》一书，我书多为灾，无法细检。引用这么一节，是因为发现此节文章即使来自家人的叙述，也颇多臆想的成分，譬如“该生名‘张旋’——那是充和有意用的假名”，这话在我看来就不可信，张旋这个名字，是不是张充和的假名？

我曾在苏州当年的报纸上看到，沈从文来苏州追求张兆和，就和“张璇”出现在大公园里，而这里的张璇，记者指的是张兆和，即张兆和有这么一个学名。退一步讲，即使这个张璇指的就是张充和，沈从文和小姨子一起出门被记者看到记下了，那么，说明张充和在苏州人眼里本身就有张璇这个名字，不是假名。当然，也有可能是张兆和有张璇这个名字，张充和考试时是借用了张兆和的学名。因此，“充和此举一是怕用真名考不取，给张家人丢脸，二是不想让北大方面知道她与兆和是姐妹，从而联想到沈从文”，这就是想当然的话了，1934 年，沈从文和张兆和当年的声名已经大到北大的教授都刮目相看了么？这是拿后来的沈从文推演到 1935 年的缘故吧，且考生数千人呢，不是几个人。

关于张充和考北大，在《大学新闻周报》（不是上面所说的“北京报纸在大学新闻栏”）上的报道，我已经找到，刊于 1934 年 9 月 24 日，全抄如下：

北大新生中的女杰

北大此期招生投考数千人，各科试卷由各系主任分别总评阅，文学院长兼国文系主任胡博士于评阅国文试卷后对人云：此期新生国文试卷以张旋女士者为最佳。言下似有得此女弟子已足满足之状，盖张女士报考之学系又适为国文系也。女士年尚幼，俭朴诚笃，不趋时尚，擅长于文学而数学则非其所好，以是此次考试结果，仅以试读生入学，然此殊无碍其努力文学也，吾人当刮目候之。

从该报道可知：确实是胡适赏识了张充和，不过胡适当年是文学院长兼国文系主任，不是中文系主任。“张旋”的数学是不是零分，国文是不是满分，这篇报道都没说到。录取张充和是不是有下面这样的故事——试务委员会资深评委（笔者按：有人指为胡适，他时为中文系主任）希望录取这名优异生。然录取规则明文规定，凡有一科为零分者不予录取。试务委员会向阅数学卷老师施压，希望网开一面（通融一下）给几分。那阅卷先生不吃硬，复判后，仍给零分。试务委员会爱才心切，不得已“破格录取”了她。——报道里也没有说起，无从判别。不过所谓破格录取，事实并非如此，因为数学分数不行，所以当年并不是录取，而是备取，张充和不过是试读生，相当于现在常见的“临时工”，没有正式学籍，不行就可以请走路的，正取生不来，备取生也可补缺。可见北大并未违规，即使爱才心切，也还是按照规定的，即使是文学院长胡适赏识。如今写张充和颇有抬高之嫌，看看当年的报道，也已经有捧起之嫌了，如女杰一词。

1935：吕叔湘的转折年

1935年5月，江苏省教育厅厅长周佛海，派他日本的同学、省督学王亦文（字骏声）到苏州中学视察。这次视察在苏州中学史上，以苛细、挑剔、偏袒、不公著称，也就是在这次视察中，杨荫榆被勒令退职，揭开了杨荫榆大战王骏声的序幕，杨荫榆前后四次上书教育厅，逼王骏声引咎辞职。最后是两败俱伤，杨荫榆被苏州中学辞退，而王骏声也改任镇江中学校长。当时，吕叔湘先生也正在苏州中学，任高二的英文教师。

这次视察后，在王骏声提交的视察报告中，吕叔湘先生倒甚得好评。视察报告一万余字，其中涉及吕叔湘的有："吕叔湘课高中普二丙英文选篇，先令学生默读，并检查字典，次则指名试讲，并行公共订正，最后由导师辅成矫正，方法甚善。""吕叔湘任高二丙英文，陈志云任高三甲乙及二乙各级英文，谢耐安任高中普二丁及普一丙及各级英文，学生习作以普二丙分量为最多，普二丁及普一丙，亦大致尚符。"文中提到吕叔湘上课教法好，英文习作也分量最多。

吕叔湘，原名湘，字叔湘，以字行。江苏省丹阳人，1904年12月24日生，1926年毕业于国立东南大学外国语文系。1935年，他已经31岁了，在苏州中学教书有年，甚得好评。这年暑假，吕叔湘参加了现任教育机关服务人员留学考试。

据《苏州明报》1935年9月3日报道：

江苏省留学生考试揭晓录取吕湘、刘诒谨二名

江苏省教育厅，为鼓励省立教育机关服务人员，努力进修起见，每年特考选现任服务人员若干人，赴国外留学。第三届已于上月二十七日起至三十日止，在南京中央大学举行，本年计考选会社学科，及自然学科各一人，参加者各三人，已经考试委员会评定，计录取吕湘七十九点五八分（三十一岁，丹阳人，东大外国语文系毕业，现任苏中教员），刘诒谨（以上正取）备取顾仁铸、陈开海、黄夔生、薛万鹏。

这里的吕湘，就是吕叔湘。虽然已经过了而立，他还是抓住机会，奋力一跃。这个公费留学不过两年，吕叔湘在英国先后入牛津大学和伦敦大学，学习人类学和图书馆学，因为是进修性质，并没有修得什么文凭。这次考试却改变了他一生的命运。

1938年回国之后，吕叔湘先后任云南大学文史系副教授，中国文化研究所研究员，中央大学中文系教授，开明书店编辑

等职。1950 年 2 月，吕叔湘应聘任清华大学中文系教授。（他的开明书店同事叶圣陶先生时任教育部副部长。）

1935 年的这次考试，录取者只有两人，除了吕叔湘外，还有一位便是刘诒谨。刘诒谨后来是美国麻省理工学院教授，也是名人。这次考试还有四个备取，结果一个也没走成，除了顾仁铸尚知名外，陈开海、黄夔生、薛万鹏三人就少有人知道了。

不幸而“言”中：言慧珠在苏州

前不久看苏州旧报，看到一则关于梅兰芳及其女弟子言慧珠的消息，讲的是 1947 年秋，梅兰芳偕言慧珠，在苏州某名医的陪同下游天平山。言慧珠年轻气盛，一马当先，由中白云、上白云，直登山顶。一时内急，在山顶解手，却被无名毒虫所咬，私密处疼痛难忍。待到梅兰芳一行上到山顶，虽然有医生在侧，却因为没有准备，且怎么也不能在师傅面前“献宝”（这是报纸上的用词），无奈，只能由从人扶携而下，当晚就回了上海。

这则新闻，未免谑而虐矣，甚至有点无良，虽然或出自小报文人之手，却确实是苏州大报新闻。过去艺人知名度高，身份地位却不高，新闻记者往往在他们身上做做文章，也不怕惹上什么麻烦。我是喜欢看看这种新闻的，当时看到后，还曾截图给几个朋友共享。这种新闻虽然有点无聊，却也不能完全抹杀，譬如，可以知道这年梅兰芳来过苏州，游了天平山，言慧珠为什么当夜急着回了上海等等，信息还是不少的，同时，看旧报看得时间太久，一见这类新闻，实在算得一种调剂，就像闷热的三伏，骤然降临了一场急雨一般。人是不能一直绷紧神经的，我们看毛时代的报纸，就根本没有轻松的故事，虽然“大跃进”那段，也有点搞笑，但心情还是沉重的。

言慧珠在苏州故事不多，所以上面的这则新闻，倒很久没有忘记。

1947 年，因为美国兵和美国文化的涌入，那年的 4 月 1 日的愚人节，在上海的报纸上就有非常多的愚人新闻。第二天，反映在苏州的报纸上，就有《苏州日报》的“愚人节谣言惑众”的消息，其中一条也讲到言慧珠：

> 言慧珠自杀，见于某小型报，此婆本以自杀未遂而红，放诞风流，不自检束，推其结果，终有遂其自杀志愿之一日。（1947 年 4 月 2 日《苏州日报》）

这一条带点恶意，不像上面一则，不过是低级趣味。他是说，4 月 1 日的上海某小报刊出了一条愚人节新闻，说“言慧珠自杀了”。于是《苏州日报》的记者评论说：这条消息虽然是假的，但像言慧珠这样“放诞风流，不自检束”的人，曾经有过自杀未遂的事情，并因此而“红”，记者推断说：言慧珠终有自杀而死的一日。

不知这位记者何所据而言，看得出此人对言慧珠没有一点好感，人家三十还不到，在他笔下就已经是“婆（婆娘）”了，还说她放诞风流。言慧珠的风流，在过去确实说的人很多，应该近乎实情，但无端咒她死，却实在有失忠厚，虽然上海某小报还走在前面。

然而，吊诡的是，言慧珠后来果然是自杀而死的。

1966 年 9 月 11 日凌晨，言慧珠吊死在卫生间里。那时候，她是俞振飞的妻子，网上有言慧珠的儿子对俞振飞的控诉，其实，撇开人与人之间的恩怨，看看她死的那个日子，就知道最应该控诉的，不是俞振飞，而是那个时代。

高长虹谈他与景宋的交往

高长虹写于1940年，刊于当年9月1日《国民公报·星期增刊》的《一点回忆：关于鲁迅和我》一文，有专节谈到他和景宋的交往，这也是他所有文字中直面这一段人生，并谈得最耐心而详细的：

> 一天的晚上，我到了鲁迅那里，他正在编辑《莽原》，从抽屉里拿出一篇稿子来给我看，问我写得怎样，可不可以修改发表。《莽原》的编辑责任是完全由鲁迅担负的，不过他时常把外面投来的稿子先给我看。我看了那篇稿子觉得写得很好，赞成发表出去。他说作者是女师大的学生，我们都说，女子能有这样大胆的思想，是很不容易的了。以后还继续写稿子来，此人就是景宋。我那时候有一本诗集，是同《狂飙周刊》一时出版的。一天接到一封信，附了邮票，是买这本诗集的，这人正是景宋。因此我们就通起信来。前后通了有八九次信，可是并没有见面，那时我

仿佛觉得鲁迅与景宋的感情是很好的。因为女师大的风潮，常有学生到鲁迅那里。后来我在鲁迅那里同景宋见过一次面，可是并没有谈话。此后连通信也间断了。以后人们所传说的什么什么，事实的经过却只是这样的简单。景宋所留给我的唯一印象就是一副长大的身裁。她的信保留在我的记忆中的，是她说她的性格很矛盾，仿佛中山先生是那样的性格。青年时代的狂想，人是必须加以原谅的。可是这种朴素的通信也许就造成鲁迅同我伤感情的第二次原因了。我对于当时思想界那种只说不做的缺点，在通信中也是讲到的。

后来我问了有麟，景宋在鲁迅家里的厮熟情形，我决定了停止与景宋的通信，并且认为这种办法是完全正确的。

这段文字其实说了他和景宋关系的四个阶段：知道并赏识景宋的文字；两人通信；两人在鲁迅家里见面；两人断绝通信。

1925年前后（笔者按：《鲁迅日记》1924年12月10日高长虹到鲁迅家里拜访），鲁迅办《莽原》时，高长虹和鲁迅互动频繁，鲁迅很赏识高长虹，主要是高长虹的思想在某些方面和鲁迅相当契合，如受尼采影响这一面。高长虹的见识也很不错，譬如这次，鲁迅和高长虹都激赏景宋的文章，认为：女子能有这样大胆的思想，是很不容易的。景宋的这篇稿子大概是《莽原》周刊的第五期上的《怀疑》一文。

随后，高长虹得意了一番，景宋竟主动和他联系，要买他的诗集，这本诗集高长虹没说是哪本，只说是“同《狂飙周刊》一同出版的”。这本诗集应该是《精神与爱的女神》，1925 年 3 月出版。景宋写信给他，要买此书，并且对他的才华表示赞赏，于是两人通起信来，一来一去，高长虹说通了八九次信（笔者按：这些信件没有保存下来，景宋那边大概自己销毁了），虽然未见过面，但多少已经熟悉，譬如景宋在信中谈起她的性格，说明两人谈得已经有点深度了。这是第二个阶段。

第三个阶段是两人在鲁迅家里见了面（《鲁迅日记》记载当为 1925 年 7 月 19 日），大概是鲁迅在旁边吧，两人没有谈话，景宋给高长虹留下的第一个印象也是唯一的印象，就是身材高大。说到这里，高长虹突然插入一句话，这句话值得注意：青年时代的狂想，人是必须加以原谅的。

单纯看，这句话的表达不清楚，但联系上下文，则就能明白，高长虹是在说自己的狂想，属于青年时代的狂想，别人要加以原谅，即包括鲁迅在内。那么，是什么狂想呢？即对于景宋的单相思也。

说起来，这单相思也怪不得他。因为鲁迅是有老婆的，景宋和鲁迅属于师生，高长虹未必会想到别的方面，所以追景宋也合情合理，虽然景宋早已心有所属也。高长虹其实不明白景宋和鲁迅两人之间的真实情况，于是就有了向荆有麟打听内情一事，待知道“景宋在鲁迅家里的厮熟情形”，高长虹才知道自己无份，及时悬崖勒马，断绝通信了。

青年时代的狂想，人是必须加以原谅的。这句话，是高长虹谈他与景宋关系的文眼，不能轻易跳过的。

在断绝通信之前，自然有斩断情丝一节。斩断情丝是痛苦的，这段时间高长虹在上文叙述中省略了，却很有故事可说。略举数例，25 年 11 月，高长虹在《狂飙周刊》发表诗《给——》，把鲁迅比作黑夜，景宋则是月亮，自己呢，是太阳。结果倒被鲁迅捡了个便宜：黑夜当然和月亮在一起的，太阳是真的无份。这是高长虹失察，也是始料不及的。于是最后只能悻悻地说："月儿我交给他了，我交给夜去消受。夜是阴冷黑暗。"

这首诗是已经知道鲁、许师生恋之后，为抚平自己伤痛而写的。

在这件事发生中，还发生过一件事，即鲁迅不让一些青年们进他的房间，只在客厅接待，引起了青年们的不满。高长虹在文章中回忆说：

> 到这年的秋天，鲁迅就病起来了。一天，尚钺到我的住所来说，鲁迅家里开了一间客厅出来，他却被请在客厅里了，所以他很生气。我只几天没有看见鲁迅，觉得很奇怪。我去看时，不料也被挡在客厅里……一直到他病好之后，才恢复了原状。

据鲁迅在《两地书》中说："我竟从不疑及乡倩之流（笔者按：指章衣萍）到我这里来是在侦察我，并且今天才知道我有时请他们客厅里坐，他们也不高兴，说我在屋里藏了月亮，不容他们进去了。”青年人怀疑景宋在内室服侍鲁迅，他们来了，躲着不见，所以不高兴。高长虹的说法似乎认为与鲁迅生病有关，因为“病好之后，才恢复了原状”。不过，也不排除景宋在鲁迅病中服侍鲁迅的可能性，毕竟关系还没明朗，鲁迅需要照顾到景宋的面子，不让外人看到，很好理解的。

说青年人是在侦察鲁迅，也不尽然。毕竟很多年轻人还没结婚，甚至还没恋爱，对男女之爱很好奇，特别是他们的导师鲁迅的师生恋，这好奇心不应受到责备，而在恋爱中的鲁迅，自然不愿被外人打扰，也是当然的事，至于高长虹竟然插上一脚，恋爱中的男人又岂能忍受？鲁迅也不例外，他在通信中把这些青年都骂作“坏人”，悻悻之态可见。

高长虹在 1940 年写的回忆鲁迅的文章，这样谈他和景宋之间的交往，还是比较坦诚的。

鲁迅和谢六逸

说起鲁迅与谢六逸的关系，大家总不忘首先提鲁迅的《教授杂咏四首》之四：名人选小说，入线云有限。虽有望远镜，无奈近视眼。

这首诗说的是什么?

历来评论都说是鲁迅在讽刺谢六逸，但我就读不出一点讽刺的味道。以我的解读，只是鲁迅的调侃，鲁迅喝了点绍酒，在陶然之时和谢六逸开开玩笑的，有的是善意的调侃，虽然不无高过侪辈的视角，但并无任何恶意在其中。

为什么这么说?

因为鲁迅的这四句打油诗纯粹是把谢六逸的一个序里的话概括一下而已。

1933 年 3 月，黎明书局出版了一册由谢六逸编选的《模范小说选》。该书选了鲁迅、茅盾、叶绍钧、冰心、郁达夫五人的作品，谢六逸在序言中说：

翻开坊间出版的《中国作家辞典》一看，我国的作家快要凑足五百罗汉之数了。但我在这本书里只选了五个作家的作品，我早已硬起头皮，准备别的作家来打我骂我。而且骂我的第一句话，我也猜着了。这句骂我的话不是别的，就是“你是近视眼啊”。其实我的眼睛何尝近视，我也曾用过千里镜在沙漠地带，向各方面眺望了一下。国内的作家无论如何不只这五个，这是千真万确的事实。不过现在我所做的是“匠人”的工作，匠人选择材料时，必要顾到能不能上得自己的“墨线”，我选择的结果，这五位作家的作品，可以上我的“墨线”，所以我要“唐突”他们的作品一下了。至于其他作家的其他杰作，留待别的“匠人”去使用罢。

“名人选小说”，说的正是谢六逸选《模范小说选》这件事。“入线云有限”，概括了谢六逸的这句话：我在这本书里只选了五个作家的作品。“虽有望远镜，无奈近视眼”，不过是概括下面这句话：这句骂我的话不是别的，就是“你是近视眼啊”。其实我的眼睛何尝近视，我也曾用过千里镜在沙漠地带，向各方面眺望了一下。

如此而已，哪里有什么讽刺的味道？

谢六逸为什么只选五个作家的作品？因为这是“模范小说”的选本，且谢六逸的眼光很高，看小说比较严苛，以他自己的话说，则是“墨线”划得高，在这个墨线以上的作家只有五位，不管合不合理，在谢六逸主观看来，就是这样。作为入选的五位作家之一，鲁迅承谢六逸看得起，自然高兴，怎么可能反而讥讽备至呢？岂不属于不识相了吗？只有一个可能，就是鲁迅不想和其余四人并列，以和他们为伍为耻。这不可能，因为鲁迅与茅盾、郁达夫都是好友，不可能因为谢六逸把他和他们合集而不满，且鲁迅排列首位，收入的作品又最多，正是他文坛地位不可动摇且得到肯定的象征，所以鲁迅不可能为了这个讽刺谢六逸。

鲁迅和谢六逸有一定的私交，有书信往来，也向谢六逸主编的副刊投过稿，两人的关系虽然说不上莫逆，也并没有芥蒂，是可以肯定的。

鲁迅的《教授杂咏四首》，据1932年12月29日《鲁迅日记》："午后为梦禅及白频写《教授杂咏》各一首，其一云：'作法不自毙……'其二云：'可怜织女星……'"后两首则失记，时间不详，但可以肯定，是见到了谢六逸写于1933年2月15日的序，甚至是见到了3月出版的《模范小说选》后才写。

目前网上很多文章，都笼统地把鲁迅的《教授杂咏四首》标明写于1932年12月29日，这是荒谬的错误。试想，还没有见到谢六逸的序，怎么可能会产生根据这篇序而写成的诗？谢六逸在现代文学史上的地位，基本属于学者、编辑家，而非作家，即使是作家，也不过在二三流之间。

谢六逸作为选家，有自己的眼光，之所以这么严苛，或者应该强调一下，他选的是可以作为模范的小说，而不仅仅是好的小说。

胡山源与鲁迅：没有交集，但有怨艾

江阴胡山源，标榜“为文学而文学的”弥洒社主干。胡山源的一生与鲁迅没有交集（见面、通信都无），用他自己的话来说，是“我与鲁迅不认识，也没有和他通过信，只间接地有往来”，然而，他对鲁迅却有着不小的怨艾。这怨艾源于鲁迅在《新文学大系·小说二集·导言》中对弥洒社的评价。

鲁迅在导言中评价弥洒社和胡山源说：

> 但上海却还有着为人生的文学的一群，不过也崛起了为文学的文学的一群。这里应该提起的，是弥洒社。它在一九二三年三月出版的《弥洒》（Musai）上，由胡山源作的《宣言》（《弥洒临凡曲》）告诉我们说——
>
> “我们乃是艺文之神；
>
> 我们不知自己何自而生，
>
> 也不知何为而生：
>
> ……

我们一切作为只知顺着我们的Inspiration！”

到四月出版的第二期，第一页上便分明的标出了这是“无目的无艺术观不讨论不批评而只发表顺灵感所创造的文艺作品的月刊”，即是一个脱俗的文艺团体的刊物。但其实，是无意中有着假想敌的。陈德征的《编辑余谈》说：“近来文学作品，也有商品化的，所谓文学研究者，所谓文人，都不免带有几分贩卖者底色彩！这是我们所深恶而且深以为痛心疾首一件事。……”就正是和讨伐“垄断文坛”者的大军一鼻孔出气的檄文。这时候，凡是要独树一帜的，总打着憎恶“庸俗”的幌子。

一切作品，诚然大抵很致力于优美，要舞得“翩跹回翔”，唱得“宛转抑扬”，然而所感觉的范围却颇为狭窄，不免咀嚼着身边的小小的悲欢，而且就看这小悲欢为全世界。在这刊物上，作为小说作者而出现的，是胡山源、唐鸣时、赵景沄、方企留、曹贵新；钱江春和方时旭，却只能数作速写的作者。从中最特出的是胡山源，他的一篇《睡》，是实践宣言，笼罩全群的佳作，但在《樱桃花下》（第一期），却正如这面的过度的睡觉一样，显出那面的病的神经过敏来了。“灵感”也究竟要露出目的的。赵景沄的《阿美》，虽然简单，虽然好像不能“无所为”，却强有力的写出了连敏感的作者们也忘却了的“丫头”的悲惨短促的一世。

这段来自鲁迅的评述，局外人和当事人看，或许会很不一样。我们会觉得对于弥洒社，鲁迅有褒有贬，说得比较客观、公正，甚至精辟。譬如说他们是有假想敌的，引陈德征的《编辑余谈》，证据很足。评论他们的作品有唯美倾向，格局不大，也合乎事实。说这个团体的作品，基本只是速写而非小说，也很准确，最后揭出“最特出的是胡山源”，其《睡》是“笼罩全群的佳作”，这评价算得很高，而《樱桃花下》（笔者按：此处鲁迅有错，应为《碧桃花下》第三期），蕴含着“病的神经过敏”，是鲁迅阅读的感受。但在当事人的胡山源，他的观感却完全不同：“他捧我很高，也打我很重。”

不仅如此，在胡山源的印象中，鲁迅对自己和弥洒社的评论，甚至有过一次改变，即收入初版《新文学大系·小说二集》时和后来收入《且介亭杂文二集》中的内容有很大的差异，后者被鲁迅或别人改写过。

他在收入《文坛管窥》（副题：和我有过往来的文人）一书中《鲁迅》（写于1973年）一文中说：

> 我记得初版《新文学大系》中的文字不是这样的；他捧我很高，也打我很重（原文无处可找，待以后找到了再录下）。不知这样的改动，是否出于他的亲笔，还是别人为他代劳的。
>
> 在改动中，看来作了版面的挖补，要凑满原来的字数，所以填上了几个弥洒社社员的名字，其中“张企留”还填

成了“方企留”。

看见初版的《新文学大系》时，他那样地捧我，我觉得受之有愧，并且我并不以为《睡》是一篇小说。他又那样地打我，我也不敢领教。改笔，当然两方面的气势都大大地缓和了，使人容易接受些。不过他所说的“这面”、“那面”，我还不能领略他的真意。

胡山源在《弥洒社的经过》一文（《新文学史料》1980年第二期）中提到这事，又说了下面的话：

关于《碧桃花下》批评，修改本似乎比初版本要口气缓和些，但也不免模糊些。我至今只觉得它是贬词，而不了解它的真意所在。初版本对我的评论，似乎要比修改本明确些，我至今还留有这个印象：捧得肉麻，骂得结棍。

他作他的评论，我作我的创作，各行其事就是，没有与他往来的必要……

这是相当奇怪的一件事。我仔细检查过《新文学大系·小说二集导言》初版原文和收入《且介亭杂文二集》的《小说二集序言》，两者之间内容并无不同，何来“修改本似乎比初版本要口气缓和些，但也不免模糊些”呢？

胡山源当年在读到鲁迅的导言后的印象为什么会产生和后来所见是两个版本的错觉呢？他的记忆为什么会产生这样的错

舛呢？这是值得深思的现象。

当年胡山源还是初出茅庐的文学青年，心高气傲，又饱受挫折，受到鲁迅有褒有贬的评论，他有些接受不了，甚至也理解不了。而鲁迅的先扬后抑的批评，在接受学上讲，是很容易记住后面部分，给人留下不好的印象，即胡山源更多感觉到了贬义而非褒奖。

到了几十年之后，胡山源重新来读这段文字，由于阅历的增加和人生的成熟，感觉鲁迅的这段文字并不如当初那样给自己强烈的刺激，于是对自己最初的印象产生了怀疑，是自己感觉错误还是鲁迅的评述变了？胡山源是自信的，手边又找不到或者懒得找书印证，随即认定是鲁迅的原文修改过了或被人改笔了，他的证据则是这段文字有一些明显的错误。

然而，鲁迅的评述并没一点变化，改变的是胡山源自己，他的经历、心境。正像鲁迅指出的，胡山源早在《碧桃花下》一文中就表现出了“病的神经过敏”的。

这更证明了鲁迅看人有一双慧眼。

徐懋庸：鲁迅该骂

说到鲁迅和徐懋庸的关系，大概都知道鲁迅那著名的《答徐懋庸并关于抗日统一战线问题》的公开信，这是鲁迅在垂暮之年的力竭怒骂。

鲁迅在信中骂徐懋庸为“奴隶总管”“借革命以营私”，并愤怒地说“倘有同一营垒中人，化了装从背后给我一刀，则我的对于他的憎恶，是在明显的敌人之上的”。这是公开的痛斥，即使在私下，也还是愤不可忍。1936 年 8 月 25 日，鲁迅致欧阳山信：“……但我也真不懂徐懋庸为什么竟如此昏蛋，忽以文坛皇帝自居，明知我病到不能读，却骂上门来，大有抄家之意……”鲁迅明里暗里都这样表示，虽然还认为徐懋庸是同一营垒，而憎恶却在敌人之上，可谓切齿之恨了。

直接原因，自然是 1936 年 8 月 1 日，徐懋庸写出了那封引起鲁迅极大不满的信。在信中，他责怪鲁迅说：“我觉得不看事只看人，是最近半年来先生的错误的根由。”认为鲁迅和胡风等人提出的“民族革命战争的大众文学”的口号，完全是一种搅局，是“用以和‘国防文学’对立的”。在徐懋庸的回忆录中，他曾回顾这段历史：“在这个严重的关头，我经过反复考虑，在当时的论争中决定站在周扬的方面。”站在周扬的一边，在当年，其实也就是说站在党的一边。

如今很多研究文章都为徐懋庸辩解，认为他只是周扬麾下的刀斧手，拍马舞刀奔向老病垂暮的鲁迅，无非是为了“两个口号”之争。这么凶狠地“窝里斗”，究其实，只是一个善意的误会，都是为了革命的事业和抗日统一战线。何况过后，徐懋庸表达了悔意和歉意。

这种看法对不对呢？我以为不符合事实。

在鲁迅逝世之后，徐懋庸写了一副挽联：

敌乎友乎？余惟自问。

知我罪我，公已无言。

所谓挽联，是哀悼死者、治丧祭祀时专用的对联。它是生者对死者哀悼和评价，一般内容都是对死者生前大事的颂扬或生者在与死者交往中的正面感受。

这副挽联中却不是这样。徐懋庸不无悻悻之意，他对已经过去的一幕，还是非常介怀的。即使在鲁迅去世、已经无言（无法应对）之后，徐懋庸纠结的，还是敌友之间：我和鲁迅是敌是友？他并不和很多作家那样当鲁迅是他人生的导师，而只是平起平坐的敌乎友乎？

徐懋庸成名很早，当1933年他才22岁时，就以一系列笔锋犀利、风格独特的杂文在文坛上取得了瞩目的成绩，一度被人当作是鲁迅的化名。鲁迅也对他寄予厚望，介绍他的《打杂集》出版并为之作序，这也催生了他骄矜之心。成名早而易，容易傲视群雄，视文坛前辈为无物。

1933年底起，他们两人一度走得很近，据《鲁迅日记》记载和有关资料统计，鲁迅自1933年11月15日开始与徐懋庸通信起，到1936年8月5日夜答徐懋庸公开信止，共有书信52通。应该说，鲁迅有恩于徐懋庸，可算是他的文坛领路人。

然而，徐懋庸的骄矜和自大，使他一向对鲁迅不以为然。

即使在鲁迅与徐懋庸的“蜜月期”中，徐懋庸也认为鲁迅“该骂”，他们之间的恩怨，并不始于1936年6月周扬推出的《关于国防文学》进而引发的两个口号之争。

早在1934年6月20日的《人间世》第六期上，徐懋庸写了一篇《完人》，其中有一段这样说：

> 某人是“思想界的权威”，小说也做得成功，可惜牙齿太黄了，年纪太老了，气量也太小了：该骂。某人对于新文化运动曾有重大的贡献，散文也做得可以佩服，可惜如今退隐了，不再领导青年了，做起打油诗来了，“晚节不全了”：该骂。某人是革命的，然而有一个情人。某人是爱国的，然而也爱读书。你是同路人么，但为什么不是百分之百的革命者！你崇拜萧伯纳么，但为什么不吃素……

前两个徐懋庸认为“该骂”的对象，一看就知道是周氏兄弟。老头子的一口黄牙是向来著名的，气量小是指他的喜欢骂人，至于说“小说做得成功”和“思想界的权威”，除了名闻中外的《阿Q正传》作者和左翼联盟盟主鲁迅之外，还有谁呢？毫无疑问，正是鲁迅的写照。换句话说，在徐懋庸和鲁迅交往密切的1934年，徐懋庸就已经觉得鲁迅落伍，在其笔下口诛笔伐了，鲁迅已经呼之欲出，只是未点明罢了。而鲁迅在信中说的这一句：“在左联结成前后，有些所谓革命作家，其实是破落户的飘零子弟。他‘徐懋庸’也有不平，有反抗，有战斗，而往往不过是将败落家族的妇姑勃谿，叔嫂斗法的手段，移到文坛上。嘁嘁嚓嚓，招是生非，搬弄口舌，决不在大处着眼。”似乎也有所指，并不完全针对徐懋庸的信，似乎还有两年前徐懋庸的这篇《完人》，譬如一口黄牙，岂不就是不从大处着眼的证据？

如何看鲁迅，原是徐懋庸的自由，即使鲁迅于他有恩，他不领情，也不过是个人品性的问题。徐懋庸成名早，又不幸或说幸而成为左联的书记之一，颇有高自标置，不可一世之概，虽然杂文颇有“鲁迅风”，但性格上其实和鲁迅是不搭的，倒是颇近于如今所说的“愤青”。

鲁迅也曾感慨，自己是常遭这类进步青年不屑和抛弃的。

后来最高当局又变了主意，不仅“口号”从鲁，又把鲁迅树立为新文化的旗手、左翼的领袖，这就给徐懋庸带来了无穷的困扰：天下之言，不归杨即归墨。反对鲁迅，即使是曾经有过，也等于站错了队，于是阴影笼罩了他此后的生命。1957 年，徐懋庸就没能幸免，戴上了右派的帽子。

那些岁月里，恶化的政治和文化生态，必然导致周扬和胡风的恶斗，以及徐懋庸的尴尬人生。

给鲁迅照相的雪怀照相馆

1933 年 5 月 26 日，姚克陪鲁迅在雪怀照相馆拍了一张合影和一张正面半身照。鲁迅的这张照片拍得很成功，他去世后，放大用作遗像的正是那次拍摄的半身照。这家雪怀照相馆，据朋友告诉我，开在慈安里 6 号，现在的门牌是宁波路 587 弄 6 号，位于食品一店后面，并不在南京路上。

姚克写过一篇《鲁迅先生的遗像》谈到他陪鲁迅到雪怀照相馆照相的经过——

> 走出了新新公司，我提议到雪怀照相馆去摄影，一来他离新新公司很近，二来价钱也很便宜。于是我们就走到了雪怀。鲁迅先生进了摄影室，很幽默地向我说："我想我是照不好的。五十开外的人了，要我照得像这样（他用手指着壁上挂的一张女像）好看，恐怕是不成的。"
>
> 但是他这一次照的像，照得总算不错，在我所见过的他的照像中要算最好的了——至少是最精神饱满的一帧。

这次万国殡仪馆灵堂正中的鲁迅先生遗像就是从这一帧放大的。

摄好了这张像之后，他又和我合摄了一张照，以留纪念。鲁迅先生逝世之后，我曾赶到雪怀照相馆添印几帧，但照相馆的女掌柜说这两张照相的底片早已没有了。

“我们不知道这是鲁迅先生的照相呀”，她抱憾的说：“早知道是他的，我们早已保存起来了。”

姚克和鲁迅选择这家照相馆拍照，原因是这样：

“不瞒你说，上海我虽住了好久，但实在太不熟悉了，连街道都不很认得清楚，我也不知道哪一家照相馆比较好，所以至今还没有去照。”他（鲁迅）笑着告诉我。

“好的照相馆倒不少，但价钱很贵。此外也有几家价钱不很贵而技术不错的，回头可以去试试。”我（姚克）提议着。

看来雪怀照相馆正是姚克基于“价钱不很贵而技术不错”这样的考虑而作出的选择。

鲁迅的这张照相，原是为了姚克和斯诺合作《活的中国》一书而拍的，1936 年该书在英国伦敦出版，此照作为扉页照出现。鲁迅对此照也相当满意，经常用来赠送朋友，1935 年 1 月美国《亚细亚》杂志刊出斯诺的《鲁迅评传》时，配的图也正是这一张。

雪怀照相馆用的是胡蝶前夫林雪怀的名号，但这个照相馆林雪怀经营的时间并不长，因为胡蝶通过法院索债，林雪怀在上海待不下去，只能把这家照相馆盘出去后跑到苏州另外开设雪怀照相室，维持自己的生活。鲁迅和姚克去摄影时，已经不是林雪怀自己经营，而是一位女掌柜。

上海这家雪怀照相馆的拍摄能力很强，或称技术很好，至少在这一次为鲁迅拍出了他和他的家属都最满意的照片，最后成为灵堂里悬挂的遗像。据研究摄影的专家称：当年的雪怀照相馆已拥有三种完全不同的影室环境，同时采用顺光、背景光、轮廓光等复杂光源拍摄从婚纱到家庭合影、仕女像等风格迥异的照片。这家照相馆一直经营到五十年代公私合营，才不得不关门大吉。

店与人一样，都有自己的寿命，不必为此而叹息，当我们回顾这一切的时候，我们更多想到的是因为这张鲁迅照相，雪怀照相馆已经永恒了。

云南龙云时期的一桩文字狱：李长之被驱逐

自古以来，以文字惹祸，就是文字狱，几乎各个朝代都有。民国时期，易君左的《闲话扬州》事，相对比较知名。李长之因为文章惹祸，被驱逐出云南大学和云南，知道底细的不算多，可以一说。

日前读《浦薛凤回忆录》（黄山书社版），看到一则关于李长之的记载：

> 因校役之懒惰，李清华毕业，在校主持周刊（笔者按：《清华周刊》），而有色彩，专作攻击学校，诽谤教师文字。芝生（笔者按：冯友兰）荐于迪之（笔者按：熊庆来，时任云南大学校长）为云大国文教员。近在《宇宙风》发表一篇小品文字，闻有云南人不如牛之句（予未见原文），惹起本地人士反对，且事为龙主席所闻。据云绥靖公所欲请去谈话，李乃大恐，或云坐飞机离滇，或云坐长途汽车他往。听说迪之亦且为此称病若干时日。在滇人对此事固然

器量狭小，但李初出茅庐，学得士林恶习，得此教训亦好。然本地人中殊有些偷懒习惯。

浦薛凤的回忆录据他的序说都是当年的纪录：“记述个人之经历，情绪与感想，均系三十至四十年前逐段分项，信笔疾书，初不事雕琢，后未加粉饰”，可信度相当高。不过，这段话里也有错舛，如李长之的文章一稿两投，既发在1938年5月出版的《宇宙风》第六十七期，又发在昆明的《青年学生》上，后经删节，收入云南人民出版社《昆明的眼睛》一书。这也就是为什么甫一刊出，就引起轩然大波的缘故。

李长之的文章刊登在通信栏里，题目叫《昆明杂写》，在《青年学生》连载三期（1938年4、5、6三期），共分九节。他的文章哪里惹恼了云南人呢？浦薛凤文中略有提示：有云南人不如牛之句。

其实并没有这样的话。问题却出在《昆明杂写》的第一节，李长之开宗明义说道：倘若有人问我，你在昆明最喜欢什末呢？我便要首先告诉他，是：牛。——而且几乎只是牛。

这句话是否可以解作李长之在骂云南人不如牛呢？这个问题见仁见智，他最喜欢牛，几乎只是牛。这么说，只不过是想谈谈昆明的牛罢了。各人所好，似乎无从非议。但这句话又可以解作：昆明的人在他视而不见，却笔走偏锋颂扬牛，这不正是目中无人么？

然而这么说为什么就触动了云南人敏感的神经呢？抗战后，

下江人先后聚集到武汉、重庆、长沙、最后南下到昆明、蒙自等地，托庇于龙云治下的云南。云南人会觉得我们敞开胸怀接纳了你们，不表示一点感激，却只说牛好。

这是不可接受的。

大概第一节第二节刊出后，反应不佳，李长之在《昆明杂写》续刊第四节时曾用自己的笔把前期的疏失修正了一点，提到了昆明人的笃厚与淳朴，甚至可爱，不过举的例子都是不好的。一个是缺乏信用的木匠，一个是骗钱的骗子，李长之说："昆明人的忠厚，我也于其所犯的错见之。"

李长之在《昆明杂写》续完第七节又忍不住批评了省立图书馆：

> 这里有一个省立图书馆，上午十一时才开馆，下午四时半就闭（原文作开，疑误）了。晚上不用说，是没有。并不是假日如此。书目全是紊乱的，查一查要费好些时候。而且查出来之后，借书单是要由馆员填写的，他填写时便又要像阿Q那样唯恐画圈画得不圆的光景，一笔一画，就又是好些时候，拿书到，便已经快要闭馆，即便你一开馆就逛进来的话。说"逛"是很写实的，来逛的人很多，因为究竟有两株颇大的茶花，和好几棵玉兰。
>
> 刚才说阅览室的馆员是只有一人的，就他所坐的地位看，颇像扼守山门的王灵官神，因为一进门就冲着他；但就他的面貌看，却就又像谁把小鬼和王灵官放倒颠了位置。

阅览室是在楼下，等这位王灵官把借书条写好，却是放在一个破篮子里，楼上有人从一块斗方的孔穴里提将上去，书找到，便又把破篮子降下来。

十一点钟开馆，四点半闭馆，这还是文化机关。

这也说的是事实，但阿Q、王灵官、小鬼之类的比拟实在叫人不够舒服。

就这样，当《昆明杂写》在陆续刊出时，昆明甚至云南人的怒火却已经在持续发酵中，三篇刊完，事情已经没有回旋余地了。除了在云南报刊层出不穷的怒火发泄外，当年的绥靖公所龙云也忍不住请了云大校长熊庆来谈话，同时也传出话来，要对李长之不客气。

这一下，李长之恐慌了，终于选择了三十六计走为上，一走了之。离李长之就任云大，不过半年时间。

很显然，这件事是文人弄笔头，惹怒当地人的文字之狱，与《闲话扬州》有异曲同工之处。这与当地人器量狭小有关。器量之小，往往与夜郎自大、坐井观天的现状有关，这是民国军阀政治必然产生的现象。

浦薛凤从李长之本身找原因，联系到他为清华学生，主编《清华周刊》以“攻击学校，诽谤教师”为荣，舞文弄墨，终于铩羽昆明，得到了教训。这也未始不是一种解读法。

金性尧谈苏青

金性尧晚年写过一篇《忆苏青》，说苏青的作品："就像死水里跳出一只青蛙，叫的却是五十年前的声音。"

死水里的青蛙，叫出半个世纪前的声音。这个比喻可谓奇突，死水是脏的、朽腐的、恶臭的、寂寞的、无声的，而里面却有活着的青蛙，本身就是一个奇迹，发出的是过去的声音，可见这只青蛙的古艳和奇特。

这就是金性尧重读苏青作品的感受。

为什么会有这样的感受？金性尧其实是在说苏青的作品重见天日，在当时（20 世纪 90 年代中期）虽然已嫌过时，却还是死水一团的文坛中活的声响和特异的存在，值得倾听。

金性尧原籍定海，苏青原籍宁波，属于同乡，又兼两人乡音未改，在上海一见如故。认识之后，苏青就到金性尧家为《天地》约稿，两人无话不谈，苏青往往要坐到晚上十点后才走。

苏青在《续结婚十年》中也写到金性尧，出现在《苏州夜话》中，化名裘尚文，一开始就说到裘尚文的处境：

与我边谈边走出车站的则是裘尚文君，他是大江报（《古今》半月刊）钱英俊（隐射周黎庵）的老友，但是钱英俊如今跟上徐光来（隐射朱朴）了，声势远非昔比，裘尚文在他手底下当一名编辑，给他呼来叱去的，也不念过去旧交情，只是杀鸡给猢狲看，拿他老实人来开刀。裘尚文心甚郁郁，但也不想抵抗，他是内怕太太而外怕钱英俊的……

从这段来看，苏青不惜得罪周黎庵，大为老乡抱不平，同时也有点看不起金性尧性格的软弱，所谓哀其不幸怒其不争也。周黎庵去世后，金性尧即写《悼黎庵》一文，刊于《万象》，指出自己和黎庵在汪伪时期当年担任伪职的情况，也给黎庵的背影涂抹了一点驳杂的色彩。

苏青在小说中说了很多裘尚文父亲悭吝和节俭的笑话，最后又说：这天我与他（裘尚文）谈谈说说的，但觉得他本心忠厚，一些没有市侩气，在当今时代总算是难得的了。

这是对金性尧人格的肯定，他有着乱世中可贵的品性。

金性尧对苏青的观感也不错，他在《忆苏青》中说：

她（苏青）爱怎么说就怎么说，写的文章也是百无禁忌。《续结婚十年》里有些内容，在谨慎的人就不会写。和她闲谈，有时会一口气说下去给你个没遮拦，如同爆玉米花，等到要爆裂时，耳朵里全是劈噗之声。

这话说得比张爱玲说苏青“世俗”要来得佳妙，苏青对朋友没有丝毫防人之心，百无禁忌口无遮拦，即使惊得别人耳朵里劈噗作响也在所不惜，后来因为胡风事件牵连而入狱，正是这种个性的后果。

金性尧又说：苏青为人她坦率（除了坦率，也看出她的厚道）、爽气、平实、有世故，无机心，这是和她缔交过的人所公认的，为文很大胆，这也是事实，但片面强调她为文的大胆，也非知人论世之道……她却是一个很有才华的人，于是卖文为生，并把心灵的窗口向外敞开。

苏青说金性尧本心忠厚，金性尧则报之以苏青厚道无机心，两人的看法都不错，甚至还是惺惺相惜。

写到这里，不免又想起金性尧的死水青蛙的比喻，这个比喻来自闻一多的《死水》，其中一节是这样写的：

那么一沟绝望的死水，也就夸得上几分鲜明。
如果青蛙耐不住寂寞，又算死水叫出了歌声。

苏青就是那只青蛙，耐不住寂寞的青蛙。

《中华周报》中张爱玲的消息

抗战时期，有两种《中华周报》。一种在上海出版，一种在北京出版。这两种《中华周报》都能在国家图书馆的民国期刊中看到，其中北京出版的《中华周报》设置过一个不定期的文化消息栏目，报道一些南北文人的活动信息，在上海渐渐走红的张爱玲的消息，也出现在这个栏目中，兹撮录有关张爱玲的消息，以觇北方文化界对张爱玲介绍之一斑，并从中略窥张爱玲当年在北方的影响。

张爱玲第一次出现于《中华周报》——

> 沙漠书店近刊行沙漠文库，第一本为张爱玲之《红玫瑰》，内计收容张女士近作《红玫瑰与白玫瑰》《创世纪》等若干篇。该集更发挥作者作风之特色。
>
> 自《结婚十年》与《传奇》出版，瞬即成为最流行之新书，白凤女士特撰《苏青与张爱玲》，现已出版，内包括苏张评传，生活，论争及苏张新作品、照片、自序，签署

等多种，东安市场丹桂商场沙漠书店总经销。

时间已经在 1945 年的夏天，距离抗战结束（姑以日本宣布投降的 8 月 15 日作为抗战结束日）还有一个月不到，就在这个节骨眼上，张爱玲的集子即将在北京沙漠书店出版，属于沙漠文库之第一本。此书究竟出版没有，目前不得而知，以我谫陋的见闻，尚未见到这本沙漠书店的出版物《红玫瑰》。不过，在此之前，署名白凤的《苏青与张爱玲》则已经出版，该书把苏青置于张爱玲之前，除了苏青年龄较张爱玲为大，出道比张爱玲早以外，也可见当时苏青的名气比张爱玲大。该消息中说到苏张的照片和自序，当是当时可以搜集到的照片和两人作品的自序，不是专为《苏青与张爱玲》一书作的序，该书是白凤“特撰”，非资料汇编可知。

《中华周报》此消息颇有错误，《苏青与张爱玲》非白凤特撰，乃是白鸥编。白鸥除了在书前写了一篇题记，在最后写了一篇《苏青与张爱玲的画像》（封面说明）外，其他文章都是南方刊物上谈苏青与张爱玲的文章的汇编，别无新意可言。

1945 年 8 月 5 日第 2 卷第 32 期第 46 号“文化消息”《中华周报》：

传闻女作家张爱玲即将结婚云。

张爱玲与胡兰成结婚属于秘密结婚，为外界所知的仅仅是胡兰成登报与前妻离婚而已，据胡兰成《今生今世》记载，两人只是签署了一张婚书，还不是一式两份，各执一份。北平的《中华周报》到整整一年后还所知不确，除了张、胡两人的保密外，还与京沪两地消息的隔膜，传播不畅有关。

1945 年 8 月 12 日第 2 卷第 33 期第 47 号“文化消息”：

> 沙漠书店近将沪宁京各地杂志期刊中之精华摘出，印成一书，名为《文摘》，内包括国际、艺术、××、小说等，要目有：（1）回忆陆军士官学校（2）记王亚樵（3）孟加拉湾历险记（4）苏青杀夫者（5）张爱玲女装女色（6）荒村夜泊。
>
> 女作家张爱玲女士，自《传奇》出版后，一跃成名。该书现在沪制行六版，内容结构新颖，描写深刻，原版新书，现已到京。

张爱玲的文章开始被北方文人选编到杂志中出版。按《女装女色》其实是张爱玲好友炎樱的英文文章，被张爱玲翻译成中文后，发表于 1945 年 5 月《天地》第二十期，译者署名张爱玲，不该算是张爱玲的文章，大概是记者没认真分别，弄错了。另外，在沪上出版的《传奇》第六版，已经运到北京销售，这是原汁原味的张爱玲完整到达北京的首次，其他不是杂志上的零碎文章就是别人的转载，如白凤的《苏青与张爱玲》之类。

1945 年 8 月 19 日第 2 卷第 34 期第 48 号“文化消息”：

张爱玲和炎樱在上海为人设计服装，这是女作家的“生财之道”了。

服装店应该是炎樱开的，张爱玲则是写文章做软广告。其中《炎樱衣谱》发表在1945年4月6日的《力报》上，共分四节，《前言》《草裙舞背心》《罗宾汉》和《绿袍红钮》为题陆续刊登在小报《力报》副刊版上。

这篇文化消息，当是根据以上而写成的，不过刊出日期，已经在日本投降后了，炎樱的服装店因此难产，女作家的生财之道也中道断裂了，而《中华周报》也就此停刊，自然张爱玲的消息也不会再在文化消息上出现了。

《中华周报》上所有张爱玲消息，都集中在1945年夏这段时间里，也间接说明，北京对张爱玲的了解起码要在1945年春之后，那么1944年梅娘口中所谓“南玲北梅”也是不可能的了。

惊鸿一瞥：俞平伯的留学生活

俞平伯先生生于簪缨世家，官宦门第，他的曾祖父是大名鼎鼎的国学大师俞樾，他的祖父也是探花及第，翰院玉堂人物。到了俞平伯一代人，科举早停，清廷已屋，他走上了留学生的行列。

俞平伯有过两次留学生涯，一次留英，一次留美。前后两次都是蜻蜓点水，对欧美留下惊鸿一瞥，无果而终，俞平伯赶紧回了国。

俞平伯的留英生涯

1920 年元旦，俞平伯到德国总会公宴，开启北大毕业后留学的第一步。3 日，他和傅斯年等北大同学，到新关码头，登上海轮，次日早晨扬帆远航。该船直到次月 21 日才到英国利物浦，总共花了 49 天。在船上的日子，俞平伯读读书，给朋友写写信，和傅斯年聊聊天，心情还是比较平静，即使是大浪颠簸的日子，他也没有什么怨言，毕竟对英国的留学生活充满了希冀，在尚未到达目的地时，他并未表现出太大的不适应来。

2 月 21 日四点登岸，“检查行李，茶叶四瓶纳税二先令。乘马车至西北旅馆。黄昏时散步街头，寄国内信片”。利物浦还不是他的最终目的地，第二天，俞平伯乘车到了伦敦，以三十多先令一星期的租房价，在留英学生会对过租了房，过起了他的留英生活。

在该处住了不过两天，他和傅斯年决定搬家。24 日，他在钱乙藜（即钱昌照，张家港人，与俞平伯属于同乡）的陪同下到伦敦西南区找房子，因价贵未果。次日又找，终于租定。傅斯年和吴某住 Endlesham Road ，傅斯年当日就搬了家，俞平伯则一个人租定 Cavendish Road。26 日，俞平伯搬了家，住 210 号，钱乙藜住在附近的 147 号。

俞平伯定居之后，就开始了入学准备。俞平伯和朋友谈谈说说，互相来往，同在伦敦留学的陈西滢也来看他，他和傅斯年还在 3 月 1 日在中国楼中餐馆请了朋友吃饭。2 日，俞平伯未出门，在房里准备入学，看算术题和一个名叫“白皙”（Candid）的剧本。3 日，俞平伯接到傅斯年的信，到傅宅去了。

4 日，俞平伯的日记这么写着：

至通济隆。钱、闵、宋、吕来。上午照相。

通济隆是伦敦的一家饭馆，他去应该是就餐。这日的记载很简单，很平静，看不出什么不正常，但第二天就大变：俞平伯决定回国了。

5日，俞平伯的日记这么写：

> 至日本邮船公司。至中国领事馆取护照，至银行取钱，汇款。夜至钱处。

到日本邮船公司是定回国的船票，取护照，取钱都是为回国作准备。夜里到钱乙藜处，当是告别。

至此，俞平伯到伦敦，不过前后十二天。

日记中没写俞平伯的心理活动，读这个日记，不知道期间发生了什么事促使他下定了决心。我们只能看到6日一早，俞平伯6点半就起床了，8点半上了汽车，11点就登上了回国的征途日本邮船佐渡丸。

四十五年后，俞平伯为这一时期的日记写了一个跋语，提到当年匆促回国，他说：

> 时余方弱冠，初作欧游，往返程途六万许里，阅时则三月有半。而小住英伦只十二、三日，在当时留学界中传为笑谈。岂所谓“十九年矣尚有童心”者欤，抑亦所谓“乘兴而来，兴尽而返”者耶。

童心是一个比较宽泛的概念，可以具体为不够成熟。譬如思家（乡愁），思妇（俞平伯结婚才一年多），生活自理能力差（富家子弟的通病），对留学缺乏信心（日记中有复习算术的记载，俞平伯理科不行，英语交流能力也堪忧，北大毕业生英语水平与清华毕业生不好比）。

伦敦十二天，两周还不到，俞平伯就匆匆逃也似的回了国。在回国途中，还发生了一件萧何月下追韩信的故事，值得一说。

如果说俞平伯是韩信的话，他的同学傅斯年就是萧何了。

3 月 14 日，船到马赛，俞平伯在船上猛然看到了傅斯年。

原来，俞平伯出走，并未告知傅斯年。待傅斯年得知消息，大感惊讶，打听得佐渡丸要在马赛停靠，马上屏当一切，乘了随后的船赶到马赛。

俞平伯在日记中记道：

> 孟真从英赶来，劝我返伦敦，意极厚，而我未能从之，怅怅而别。是日心绪更恶。

一个“更”字，说明此前俞平伯心绪均恶，12 日的日记说自己的心情是“焦急悬宕”，而傅斯年的一番劝阻，使他心绪更恶了。自己这番来去，究竟是对是错，在他心里反复纠结，而归国的心思最终占了上风，和傅斯年怅怅而别。

傅斯年笃于友谊，才有了这一番月下追韩信之举。这一来一去，花去了傅斯年半月的时间，结果由于旷课过多，他的学分要从下学期算起，等于浪费了一个学期，其损失不可谓不小。

4 月 19 日，船到上海，俞平伯第一次留学生涯，就这样结束了。

俞平伯的留美生活

留英逃回两年后，俞平伯又开始了留美生活。

1922 年 7 月 7 日，正是他的儿子俞润民满月的日子，面对即将到来的离别，俞平伯的心情很黯然。他早早醒来，“知别绪将与晓光并其绵远，勉作欢笑，而泪痕终不可掩。出手一握，瞥然而去，怅惘之意，只以‘珍重’一语了之。”

这次留学，因为是赴美，所以从杭州寓所到上海，去美领事馆接洽护照。在上海和朱自清、叶圣陶、郑振铎、潘家洵、顾颉刚、刘延陵等人盘桓了数日，还参加了一次文学研究会的年会。9 日，朋友们送他到吴淞码头登上中国号，住进 4 号舱。当天七时，船开行了。

这次留美，俞平伯一开始就后悔了，不仅“胃纳减，心绪亦劣”，还做了这样的梦：

夜梦中止赴美，醒后尤怅然。（11 日日记）

不久，俞平伯更后悔了，还失眠。

美游何如穷居乐也。（17 日日记）

夜不寐，心绪纷如。（21 日日记）

到这个月 31 日，船终于到了旧金山，停靠于第四十六号码头。遇到了前来接站的诗人康白情的侄儿康纪鸿。两人同往大同晨报馆见康白情，再同赴中国学生会。

8 月 1 日是俞平伯到美的第二天，夜里他和康白情去看电影，电影很好看，但俞平伯心里不好受，为什么？“触起归思耳。”

开学尚早，到美后，俞平伯就在朋友的陪同下在美国各处游览，于 11 日到达华盛顿。从日记上看，俞平伯到的是霍布金斯大学学习。那里有汪敬熙在学心理学，俞平伯就在实验室看汪敬熙解剖小白鼠，一度看得很有兴致。

这个月的 24 日，俞平伯的心里很难过，身上的癣疾又发了，结果写成一首诗后才稍好。值得注意的是，癣疾的发作是俞平伯这次留美逃归的触发点。

俞平伯先是尝试自己治疗，“买治癣油膏一瓶”（26 日日记），然而，癣疾对于他的困扰不可小觑，“癣恙甚烦”“癣痒烦心，人颇不适”，“癣患仍剧，心烦”，“癣患仍剧，心烦”，到 30 日，俞平伯终于不能忍受了，到 J.H. 医院就诊。开出的药方仍是油膏。这天“癣仍作怪”。31 日，他给郑振铎写信，谈近况，心境不佳。

9 月 1 日，“中夜癣大痒叵耐”。次日仍到前医院看病，于是

“癣痒略好了”（9 月 3 日），“癣仍不免滋生”（4 日）。

从日记上看，俞平伯第二次到医院，虽然开的仍是油膏，但当与第一次的不同，因为 5 日的日记写道：“今日改搽油膏，似略见好。”改字可以想见是换了药。即使去了两次医院，俞平伯还是不放心，早写信向朋友讨救兵，6 日，罗家伦和杨振声的信都来了，杨振声的信中还附了治癣的药方，俞平伯到附近药店按方抓药，“搽上又疼又痒，癣焦了头，或可向愈”。

然而，随后的数天，这个癣疾仍然折磨着他，到 12 日，俞平伯又到 J.H. 医院，但日记中说是“未得进去”，即过其门而不入，此也算得乘兴而来兴尽而返了。为什么到了门口而不入？这是个问题。俞平伯没有记载，但四天后的日记多少可以窥见端倪：即他似乎信不过这个医院了。16 日他换了一个医院，“到 G.H.H. 去诊治，四小时之久，给了一种水粉，功效平平而已”。不免要问，俞平伯为什么不用杨振声的那个配方呢？细读日记，也有答案，那就是怕痛，“每搽药水辄作奇痛”，他受不住这样的痛苦，没有坚持下去。

G.H.H. 的水粉药起了作用，俞平伯的癣疾渐渐痊愈，日子也到了开学前夕。25 日下午，俞平伯到哥伦比亚大学注册学习，用去 54 美元，他写道：“手续麻烦，至（下午）四时许始毕。”

俞平伯在哥伦比亚大学上的第一节课是讲诗，俞平伯说“听不甚真，大意尚可把握”，这也是他留美生活的第一节课，下午又上近代剧一堂，俞平伯表示“无所得”。这是他做留学生的第一天。“夜，癣患又作。”

10 月 5 日，是中国传统的节日中秋，每逢佳节倍思亲是大家常引用的话语，俞平伯自也不例外。在美国过中秋，俞平伯的心情却是悲凉，因为他的癣疾竟厉害到这样的程度：

> 癣大闹，上课也不能去，只卧床转侧，自此直至八日。

也就是说，他在哥伦比亚大学只上了两天课，就因为癣疾，而病假了四天。想不明白他犯的是什么癣，竟连上课也不能去，甚至不能起床。

9 日，俞平伯再次动了归国的念头，不，其实在 8 日，他就有了归意。他在给其妻的信中就要求此后不再寄信。他说“其时有归意而未甚决”。俞平伯还是很有行动力的，决心下得很快：

> 以寄身异地，所患缠绵，殊多不便，遂决意归国，至船公司询船期，将于下月行。

10 日“下午到昌兴公司定俄罗斯皇后号船票”，11 日“到领事馆领护照”。

孰料，到 13 日，事情发生了出乎意料的转机，为了癣疾，想想还国路上也不便，结果找了纽约东八十三街四十号的 Joseph Gordner Hopkins 医生就诊。俞平伯在 41 年（1963 年）后回忆说：“孰知此医甚高，以后遵用其方，终得痊愈。”也就是说，他下决心归国的最大原因癣疾竟在归国之前消失了。

俞平伯还回国么？船票定好了，护照取到了，家中的汇票收到了，癣疾却好了。这时，傅斯年尚在英国伦敦留学，俞平伯又给他写了一封信，报告自己再次半途而废的事情。这次，不知傅斯年怎么想，好在距离穹远，至少他再不会冲动到“月下追韩信”了。

船票定的是 11 月 2 日，足有二十天的富余时间。这段时间，积悃一扫而光，连日记也写得长了，他办了退学，乘车游览、购物、整理行李、和朋友告别、作诗、撰文，在新大陆的日子屈指可数，他并不恋恋，开船那天，他在日记中写道：十二时一刻船开，殊无所感。11 月 19 日，俞平伯回到上海，从新关码头登岸。

俞平伯又一次半途而废，他的留美生活，以这样的形式画上了句号。

1964 年 11 月 28 日，俞平伯在他的《国外日记乙集》后跋语说：

> 倦途万里，空费车航。殆如所谓“学书不成，学剑又不成”。检点尘蟫，雪窗泚笔，为之颜汗。今日思之，好一似怅惘多于惭愧。

他说得很明白，这次留美，有惭愧，但几十年后再想，则怅惘占了上风。为什么呢？因为正是留学不成，他才潜心创作，终于卓然有成，如果留学有成，俞平伯的造诣和成就或者就不再是目前这个样子了。和他一起留英的傅斯年后来是知名的中研院语言历史所所长，和他一起留美的罗家伦后来是中央大学校长，俞平伯则是知堂弟子，文学家词学家红学家俞平伯。

李辰冬剽窃俞平伯疑云

2011年雍和嘉诚秋拍，有一宗15件俞平伯在“文革”期间的交代材料参拍，其中一页是“关于李辰冬”，这是俞平伯单方面谈两人关系的材料。俞平伯交代说：

关于李辰冬

李辰冬，我本不认识，因他亦写了些关于《红楼梦》的文章，我并不赞成，却知道有这么一个人。他曾到法国留学。据有人告诉我，他把我早年的《红楼梦辨》改头换面，写成论文，在法国得了学位（博士？）。有一次，某日上午（年月都不记得了，总在抗战以前）我去访周作人，其书室已先有客在，周未向我介绍，坐下说了一会儿，我就把李辰冬窃取我写的书骗外国人的笑话讲了。不记得话怎么说的，总是玩笑讥讽。及客去后，周作人才告我，这个人就是李辰冬！这把我弄得反而很窘。我一向不喜欢奚落人的，更不愿意当面骂李辰冬，且有些怕他，因我知这人是个坏蛋，鬼把戏很多的。但话已说出，亦无可如何了。

抗战胜利，国民党反动派回到北平，搞得乌烟瘴气，李辰冬在那时很得意、活跃。有一次在酒楼招宴文人，我也被邀而去。请客目的总是约人写文章，正因我心鄙其为人，又不愿意再次得罪他。回想仿佛有过这么一回事，印象实已很模糊了，不能说得很明确。

红蓝书店，我既无它的股票，亦未和该店作过什么交涉，为出版书籍之类，我总毫无所知。

俞平伯 1969.4.24

这应该是应组织上要求，要俞平伯谈谈和李辰冬的交往而特意写的，全文不过四百余字，写在“文学评论杂志社”稿笺纸上。在文中，俞平伯讲了三件事，两件是和李辰冬的交往，一件是与李辰冬有关的红蓝书店的关系。总括来说：由于李辰冬剿袭了他的《红楼梦辨》，而他与李辰冬关系一开始就僵了。李辰冬后来又请了一次客，俞平伯去了，但具体记不起来了。

这是俞平伯单方面的说法，可信不可信，是一个很大的疑问。首先，“文革”中的交代，且对方是台湾的所谓敌方人士，撇清关系保全自己是首要做的。如果够聪明的话，在无法对证的情况下，说得过头一点也没有关系。这里俞平伯笔下的第一件事，如果是真的，可以看出李辰冬超常的涵养，或者真的心虚。面对俞平伯指责他的论文抄袭，李辰冬能不发一言，不为自己辩解一番，忍辱含羞就此告别？退一步说，即使真的抄袭，就基本人性而言，困兽犹斗，自不会默默忍受，不置一言。

再说，李辰冬的《红楼梦研究》一书，在国内中文出版是1942年中正书局版，在俞平伯见周作人的“某日上午（年月都不记得了，总在抗战以前）”，只是以法文形式存在的博士论文。据我所知，俞平伯不识法文，不知他何以仅仅根据有人告诉，就得出这样的结论：他把我早年的《红楼梦辨》改头换面，写成论文，在法国得了学位（博士？）。

我们再来看看这个交代材料的第一句，更可见俞平伯麒麟皮下的马脚：“因他亦写了些关于《红楼梦》的文章，我并不赞成”，这至少说明，李辰冬写有关“红学”的文章，认知与看法一开始就与俞平伯异趋且异趣，怎么可能到写博士论文时会来用“拿来主义”把现成的《红楼梦辨》“改头换面，写成论文”呢？所以，俞平伯的说法是前后矛盾，完全站不住脚的。探究俞平伯说法的来源，本来就是捕风捉影，但有一点可以指出，自从20世纪50年代批俞平伯和他的《红楼梦》研究后，李辰冬抄袭他的研究成果，成为博士一说，对于俞平伯的心理上多少是一种安慰，是值得骄傲的，他宁愿相信这种说法，以抵御社会上对他急风暴雨式的批判——

虽然在国内遭遇批判，我的研究却由他人的剽窃抄袭而被国际社会肯定。你们可不要小看了我。

1954年2月28日，俞平伯写信给周作人，也持此说：“平前作《红楼梦辨》行世以来，殊为寥落，惟闻某君曾以之博取法国博士功名，尚属有用”（见《周作人俞平伯往来通信集》），这也是他在饱受批判之后的一点自我心理安慰。

李辰冬的《红楼梦研究》出版在抗战中的陪都重庆，俞平伯抗战期间一直滞留北京（当年叫北平），容或未见此书，以致一直有这样自负的臆想。其实，两书完全不是一回事甚明，令人想起陈源指责鲁迅《中国小说史料》抄袭盐谷温的事来。

再说俞平伯笔下的李辰冬，面对俞平伯的“玩笑讥讽”，一个鬼把戏很多的坏人（俞平伯语），竟然含默隐忍，过了很多年还请俞平伯赴宴，请他撰文？世上有这样的人吗？也许有，但李辰冬应该不是。

在这次所谓的“抄袭”疑案中，李辰冬并无一言辩白，原因应该是他并不在场，根本就蒙在鼓里，不知不觉，自然无从言说，且也不必多说什么。

不过，我觉得也不能全盘否认俞平伯的这段交代，还是有一点真实的情节：俞平伯和李辰冬有一定的交往。俞平伯任教燕京大学、清华大学、北京大学，而李辰冬在20年代初是燕京大学学生，30年代中期也同样任教燕京大学，到卢沟桥事变之后才南下，抗战后重回北平，两人做过同事，虽然俞平伯已刊的20世纪30年代不全的《秋荔亭日记》（一至三），尚未见关于李辰冬的记载。即使如他所述的第一次会面，叙述之中，也有问题。问题可能出在这里，即俞平伯把时间先后互换了。俞平伯去拜访周作人，见到一个人。这人见有人来访，就此告辞。

俞平伯和周作人谈到李辰冬，周作人告诉他刚才告辞的那位，正是李辰冬。这样才比较近情。

“文革”时期的交代材料，在史料学上，其价值值得怀疑，要慎重使用。

刺杀李根源

1920年12月28日傍晚时分，在上海威海卫路，发生了一桩离奇的刺杀案。两天后，上海《申报》第十版以这样的题目进行了报道：

李根源寓所之暗杀案　弹伤李之旧部吕渭仙

李君印泉自广东来沪后闭户读书，乃近闻反对党暗中图谋，拟函请捕房派印捕一人来寓守望，尚未实行，而二十八日午后六时许，有三人闯入威海卫路李君之寓所。寓中有李君旧部吕六韬，号渭仙者。与军士熊某出面询问来人，称系寻李督办者。时李君本不在寓，吕又见其来意不善，乃谢绝之。其三人中一人即声言，我一人去会，并欲径自上楼。吕云：李督办实不在此。其一人高声呵斥，并出手枪向吕连发两响，一枪中吕喉部，吕即倒于地上，其站立门外之一人，又以一枪指熊军士，而发未中。寓中人群集救视伤者，刺客乃乘机逸去，现吕已送医院治疗矣。

据这则报道，当时有三人前来行刺，共开了三枪，其中两枪打中李根源秘书长吕渭仙，一枪打向熊军士而未中，而他们的真正目标却是恰好不在场的李根源。又，报道还称，李根源事前已经风闻有人会对他不利，正想写信请英租界当局派“红头阿三”来寓所站岗，尚未实行，刺客已经先行下手了。

李根源，字印泉，云南腾冲人，他是早期同盟会成员，政学系大老。他最为世人熟知的，乃是朱德的老师和苏州的超级士绅这两点。其实，他在民初政坛逐鹿中也是一位风云人物，是岑春煊的得力助手，在政见上独树一帜，与袁世凯、孙中山均不合。1913 年 9 月，李根源流亡日本，入早稻田大学学习。1915 年 12 月护国战争爆发，次年 4 月，李根源随岑春煊从日本归国，任两广都司令部副都参谋。在反袁中，他和孙中山立场一致。袁世凯死后，李根源随即促使南方政府和北洋政府段祺瑞联合，迫使孙中山下野。1920 年，孙中山卷土重来，联合陈炯明、唐继尧等，迫使岑春煊、李根源等政学系大老下野。岑、李不得已躲进上海租界。

刺杀事件，正发生在这个当口。

李根源虽然下野闲居，潜势力仍不容小觑，这也正是政敌容不得他的原因。对此，李根源一直不敢大意，到 30 年代前后，他移居苏州，家里仍藏着两挺机关枪，作为防身护卫的武器。

这次刺杀，李根源恰好不在家，逃过一劫。李家顿时乱作一团，人人六神无主，惊惶不安。李根源得讯回到家里，他的下属，原先的秘书长吕六韬已经送往附近宝隆医院。摆在他面前的紧要问题是：刺客是谁派来的，现在在哪里？

他当即叫来了在上海的门生故吏，分析事件并设法缉拿凶手。只有缉获凶手，真相才会大白于天下。

案件发生在英租界，刺客却不会呆在英租界等人来抓。

猫捉老鼠，双方的一切都在暗中进行，表面上看，天下静好，浪静风平。

时间一下子就到了次年初春。

1921 年 3 月 4 日晚，法租界金利源码头，赴广州的轮船正升火待发，码头上旅客络绎不断。这时，李根源的参谋张伯常和陈守石冲上前去，在旅客中扭住了一个人。随即巡警到来，一起把此人扭送到了捕房。

围观的群众只听到一句话：刺杀李根源的凶手抓住了。

刺客叫冯启明。

张伯常和陈守石如何能锁定刺客，在他上船离沪之际一举擒获呢？

原来这伙人中出了内鬼，这位内鬼就是翟时白。

翟时白，浙江湖州人，现年 26 岁，住孟德兰路 5 号门牌。前在杭州法政学堂肄业，目前失业在家，为候补县知事，曾为报馆编辑。

民国六年（1917 年），翟时白在广东军政府任职，与杨啸天同事，两人臭味相投，结拜成异姓兄弟。1920 年，两人先后离开广东，回到上海。杨住法租界白尔路432号，翟不时前去拜访。因为失业，翟欲往北京运动，但无路费，开口向杨借钱。杨就说："你暂时不要离沪，我有一事相托，帮一下忙，事后路费的事好说。"

杨啸天知道翟时白与李根源的司机相熟，知道李的行踪，所以拉拢他加入。

翟时白回忆说：次日又至其家，杨即介绍与冯启明会晤。谈及粤滇蜀三省政变，并言李根源与熊克武、顾品珍等感情颇好，李氏日来危险异常。孙中山深恶其人，须将李氏暗杀。是时冯启明又言此事请我帮忙。现孙来电令与杨啸天两人谋刺李氏。我当时允其尽力帮助。

这年的2月22日，因为去年第一次刺杀李根源失败，他们希图再次行刺。冯启明和杨啸天、刘海山和江某探知李根源经常到一品香，112号房间由李根源之友金仲生所开，翟时白用韩姓在一品香番茶馆开了一个109号房间，刘海山和江姓住47号房间，由杨啸天介绍他的结拜兄弟翟时白一起密谋组织第二次刺杀。

3月2日，翟时白往访杨啸天，正好冯启明也在。翟时白回忆说："冯问我李根源今日何在？我言李往一品香。冯即与我同往开47号房间。遂命刘海山江某各带实弹手枪一支守候。讵李未来，而刘江二人同寓该处一宵……至3月4号，与冯会面，冯云如知原告往何处可用电话通知，立即派人前往动手。我言最好二人所执手枪给我一支，乘机亦可谋刺。意欲骗到手枪一支，使刘、江二人只有一枪难以动手。”

翟天良发现，自称暗杀与人道公理正义相背故，我为良心主张必出而破坏，乃属为人道公理正义扶助，而非保护李氏个人，因此立意要破坏他们的谋刺，在参与策划之后，即乘隙告知《中华新报》总编张季鸾，要他转达李根源事先防备。

翟时白拿到手枪，回到家里，果然有金仲生偕张伯常来叩门，声称是李根源代表。翟时白知道这是《中华新报》张某和李根源接洽的结果。翟就把冯启明、杨啸天等人密谋刺杀李根源的内幕和盘托出。两人听了，道谢而去。

这天下午三点，翟时白接到冯启明妻子的电话，要他去冯家。翟来到冯家，冯妻告诉翟：刚才蔡荫廷来报信，说李根源家门口停了一辆1643号汽车，李根源可能就要到大东旅社去。冯启明现在联系不上，你可不可以马上去找一下冯启明，机不可失时不再来。

翟时白听了一惊，口上答应冯妻，借口去找冯启明，告辞出来。估摸着李根源或会去大东旅社，得先去通知李根源规避。到了大东旅社，果然看见那辆汽车。翟时白欲求见李根源，被告知李根源不在。翟时白认为李根源不肯见他，只得到一品香去找冯启明。

翟时白到一品香47号房间时，冯启明、杨啸天、刘海山等也是刚走，正待返回。总台上却说有他的电话，翟时白接了电话，才知道他们都到了冯家，他们在路上错过了。电话中冯妻说：快回家把东西带上，到冯家集中。

翟时白回家带上手枪，再次来到冯家。原来，冯启明又得到信息，李根源的汽车已经从大东旅社开出，往孟纳拉路九福里而去。因为刘海山和江某不认识李根源，冯启明要他去现场指认，顺便要他把手枪交给江某。当即，刘海山、江某和翟时白三人往九福里追踪而来。

汽车果然停着，三人约定，翟时白看见李根源，即举手示意，他们两人就开枪，否则不开。

三人约定后，分开而行。两人在里弄口设伏，翟时白进去探看。翟时白怀着鬼胎，想乘隙寻找到汽车夫和他打个招呼，看看汽车里不在，只得走上宅第观望。这是一幢别墅豪宅，翟时白正探头探脑，门口闪出一个巡捕，翟时白就上前打听汽车夫，巡捕不睬。翟时白不甘心，跟了巡捕进入了门房，忽见桌上有杨永泰的名片一张，翟时白灵机一动，就说自己有要紧事要拜访杨永泰。

杨永泰也是政学系巨擘，他原先投靠的是孙中山，但被岑春煊和李根源等拉拢了过去，并被陆荣廷委以重任，出任广东财政厅厅长，并于 1920 年 4 月就任广东省省长。1920 年夏，孙中山卷土重来，联合陈炯明回师广东，将桂系陆荣廷驱逐出境。次年春，孙中山在广州就任中华民国非常大总统。杨永泰在广东无法立足，这年也在上海。他和李根源都是失意政客。

杨永泰听说有人有紧急事情谒见，即刻出来会客。翟时白就把谋刺李根源事告诉了杨永泰。杨永泰不敢怠慢，随即通知了巡捕房。不久有了四五个中西探员，把翟时白带去盘问。再说埋伏在里弄口的刘海山和江某，忽见翟时白被探员从里弄里挟持而去，惊疑莫定，觉得一定是翟时白不小心，被看出了破绽，被捕了。刘海山等两人随即终止了行动，回了冯家商量对策。

这边翟时白报告完毕，仍回冯家探听消息。冯启明见翟时白回来，即问他被捕的原委，翟时白说：巡捕房怀疑他不怀好意，所以请去询问，知道是误会，才开释，自己吃了一大虚惊。冯启明略略放心，说已派蔡荫廷前去打听，却不料你已经没事了。翟时白心里一惊，觉得卧底的事会败露，不等调查的人回来，找了个借口溜了出来。也不敢回家，到孟渊旅社开了个房间暂避风头。

其实，李根源得到金仲生和张伯常的报告，这天戒备森严，并未出门，同时和部下布置了跟踪和抓捕冯启明的计划。

3 月 4 日，就发生了金利源码头抓捕冯启明的一幕。

冯启明被捕后，随身所带的两只手提箱被起获。西探高爱乐检查了箱子，发现“箱内藏有信函七十三封，照片两张。内一张系孙文肖像，余像亦系政界中人”。

此案谋刺未遂而凶犯被捕后，上海公共租界的公共公廨进行了多次开庭，其中 4 月 30 日的开庭，李根源出庭应讯一场颇受瞩目。这天上午十时，法官俞孙襄献会同英副领事克本氏于第四公堂续审。下面是 5 月 1 日《申报》所刊李根源与被告律师之间答词，略作处理，录入如下：

李根源起立，站入证栏，由被告律师问曰：你前是陕西都督？

答：否，我系陕西省长。

被告律师乃将《国民月报》一册交与李阅，并问其月报后面所印之像识否？

李答：像为孙中山先生。为我二十年之朋友。

问：孙既系你朋友，何以控告朋友与暗杀有关？

答：此我不知，盖案情由捕房侦查。

问：孙系民国创造人，又与你为友，似不应控告致令捕房调查。

答：此事与租界治安有关，捕房亟应调查。

问：既疑系孙谋害，曷不请求公堂出票拘拿？

答：因事前我不知，何能请求出票？

问：你属于何党？

答：此刻无党。

问：中国国民党之党纲知否？

答：听而未见。

问：公共治安之事你可赞成？

答：赞成。

问：社会党主义你可赞成？

答：不能赞成。

问：民生主义你赞成否？

答：此都是政治问题。今非研究政治之时。

问：三月四号你干何事？

答：都属在寓读书，但我办事多年，何日干何事不能记忆。

……

被告律师续问李曰：二月二十七至三月四号之间，你家发生关于治安之事否？

答：旧历年底，他们到我家开枪。今年则未闹过。

问：你因甚控告此人（即指冯启明）？

答：系捕房侦查所得。

问：此人（即翟时白）识否？

答：出事后相识。

问：你于二三月之间往一品香去否？

答：去年十一二月间去过。

问：住于一品香与你为友者系何等人？

答：他们现在均往云南四川北京去矣。

问：你坐于汽车马车内，惧被人暗杀否？

答：我对于人民国家均问心无愧，何惧之有？

……

问：你陕西省长系何人所举？

答：黎大总统任命。

问：孙中山为你友，曾帮助何事？

答：无所谓帮助，各干各事。

问：做陕西省长在何时？后又何干？

答：在民国六七年间，卸任后往广东任督办约一二年，因乱来沪。

问：你在粤知否有国民党？该党领袖系属何人？

答：闻系孙中山，惟内容不知。

问：你辞督办之意系与孙中山为友，抑系为仇？

答：无所谓为仇。

问：你知南方之民国乎？南方民国已举孙中山为总统之事乎？

答：此种选举系属毁法违法。

问：你岂不欲孙为总统耶？

答：此间无表示之必要。

……

续问李曰：广东督办系被何人裁撤？

答：不知，亦无答复之必要。

以上李根源和被告律师的对答，细味之，颇有意味，李、孙两人之间的恩怨不言而喻。

然而，就在这个节点上，孙中山已由非常国会推举为非常大总统，五天后的5月5日，传来了孙中山在广州就任非常大总统的消息。租界当局自然不会轻易得罪这位声望如日中天的南方政府大总统。

此后的审判就未免有点敷衍了事了。被告冯启明在法庭上对自己背后的指使人一概否认：“孙中山先生我虽认识，但彼无电致我嘱为暗杀他人之事。”进而连谋刺之事也否认：

法官问：尔与居正、杨啸天、刘海山等谋害，究有无其事？

冯答，并无其事。即翟所供我给予手枪银洋等语均属虚构。去年李家发生暗杀，我亦不知等语。

1921 年 5 月 12 日，公共租界公共公廨对李根源指控暗杀嫌疑一案的嫌犯冯启明进行了宣判。《申报》报道的结果是：证据不足，被告冯启明无罪开释。

> 昨晨公共公廨俞襄谳会同英包副领事升座第一刑庭，续讯前海疆司令李根源诉遭人暗杀未成案。牵涉之粤人冯启明（即冯启民），先由冯之代表律师上堂宣称李氏原禀内控被告为暗杀伊之嫌疑人，而见证翟时白迭向堂上声明，彼为人道主义起见，表明心迹，因此到堂作证。不受原告贿赂。此等供词岂能为证？……且捕房检查被告衣箱内并无违禁物品，又无谋害他人之函电，只有孙中山等诸人照片，与本案毫无关系。应请将案注销。原告代表律师起而声称，查核本案证人翟时白口供，系为政事，关系被告受人主使，谋害李氏，此中间题人皆知之。且据中华新报主笔张季鸾及一品香番菜馆用人等各见证均到堂证明被告曾开一百零九号房间邀同刘海山、江姓等谋害原告，而被告律师向该见证等诘问，亦属相符，则案已成立，被告实违反现行刑律十七条，应请按例惩治。
>
> 中西官核供，退入领事休息室磋商。良久，复座宣判，

以本案证据不足，应即将案注销，被告开释。

李根源在其自编之《雪生年录》(卷二，95 页）中记道：十一月二十九日遇刺，幸未在寓。吕六韬被击弹中胸部，虽医治得痊已称废疾。此一年中遗憾之事最多。

李根源对此谋杀事轻描淡写，对指使者也讳莫如深，所可惜者，只有吕渭仙桃代李僵，中了两枪。上面说击中的是喉部，李根源则说是胸部，大概各中一枪，故说法不一。

民国暗杀成风，刺杀成功的不知凡几，未遂者则往往被人忘却。李根源被刺一案，虽然最后成为悬案，不了了之，但背后隐隐约约的身影，则似乎与孙中山、居正脱不了干系。因为政治而谋杀对手，在政治家固可说不择手段，只求目的，但总未免不够光明磊落，毕竟李根源已经是失败的政客，在当时已经够不上威胁了。而李根源也不愿将此事扩大，眼看孙中山根基已固，自己再也不是他的对手，惟以息事宁人，苟安偷生为是。几年后，他从上海迁居苏州，后来又隐居藏书乡小王山，极力经营属于他的“一亩三分地”，并跑遍吴中山水，时加品题，为吴中留下了诸多胜迹，供后人流连咏叹。

失去了儿子的刘文典

1935年3月19日，北平的《大学新闻周报》刊出署名平林的一篇文章《刘叔雅先生最近给我的印象》，讲到失去儿子刘成章后，国学大师刘文典先生回到学校上课的情形：

> 上课铃摇了五分钟，刘先生夹了白布书包提帽子到教室门口站住了。意思说要去解手立刻就来。同学们却似乎急于要给刘先生一个安慰似的都站了起来，向他点头，那一股严肃的空气，是在别的教室中看不到的，害得刘先生不得不进来把书包帽子放下再出去。
>
> “还好，刘先生也不见得怎么更瘦。”一位同学在刘先生出去后说。
>
> “唉，他再瘦到哪里去呀！”我却这样回答了。
>
> “我实在太抱歉了，今年一年就没有好好的上过一点钟课，为了私事，耽误诸君这许多时候，实在抱歉之至。”
>
> 刘先生说得太诚恳太客气了，把教室里的空气弄得更

严重些。

后来他说起他公子的事，他说到“死者异矣，生者可怜”这话，我想他的泪快夺眶而出了。因为刘夫人受了这种痛后得了心脏病了。他又说，世界上的人类，为国家牺牲的人很多很多，为病而死不是应该？我知道他因此而想起国事的可悲来了。这一种的达观徒然是增加悲痛罢了，所以我始终不愿承认刘先生能达观的。

但是，刘先生说了一句很沉重的话，他因为觉得过去没有能够好好地教书，所以说：此后我倒可以安心地上课了。他把这话说了有五六遍，在这时候，他说出这样一句话，使我们觉得分量特别沉重的，从这句话，我似乎忽然了解了刘先生的自处，刘先生也许觉得：“吾有道可传，虽无子，亦何害？”吧？那是刘先生真能够达观的了。

这是何等沉痛而又感人的文字，也见得刘文典在学生心目中的地位。

刘文典一向身子很弱。他在北京大学时，每年冬天狐裘袍要穿上三四个月，初夏时候，他还穿着棉袍，成为当年北京大学的一“怪”，他后来抽上鸦片，也与身体孱弱有很大的关联，不免有“医得眼前疮，剜却心头肉”之嫌。

虽然身体羸弱，刘文典却是一个极富忠义之气的学者。当东北沦陷、伪满洲国成立时，刘先生痛恨日本对祖国的欺凌，每天都在课堂里义愤填膺，痛骂日本的侵略；为了知己知彼，揭露日本侵华的真相，纠正国人对日本的错误认识，刘文典曾没日没夜地翻译日本陆军大臣荒木贞夫的《告全日本国民书》，他在《译者自序》中语重心长地说：

> 所以军阀的意思就是日本的国策，而荒木贞夫的意思就是军阀和暴力团体的总意思。我们要知道日本统治者的意见、政策和野心，都非要知道荒木贞夫的主张不可。自从沈阳的事变发生以来，当局和民众把日本误认为一个欧美式的现代国家，以致应对无方，把国事败坏到今天这样，推原祸始，全是由于对日本的认识错误。然而，从今天起痛自悔悟，也还不算过迟，所以我以一个学问知识思想都落伍的人，凛于“侨将压焉”之惧，把那些支离破碎的线装书暂且束之高阁，来翻译荒木贞夫的这部书。无论大家怎样的不了解日本，不肯了解日本，我总要尽我的微力。
>
> ……在我初译这部书的时候，竟有些位爱国志士骂我，说我不应该长他人志气，灭自己的威风。可怜，可怜。这些爱国志士连“知己知彼”的古训都忘记了。我对之只有长叹而已。但是我决不因此灰心，正因为一般人都在睡里梦里，不肯认清楚我们的敌人，我更觉得自己责任的重大，不能不愈加努力了。所以敌人的飞机在我们头上飞翔的时候，我在下面笔不停挥的一气把它译完。

1935 年初的刘文典，正是在感伤国事中，又叠加了丧明之痛的人伦惨事。他的学生平林的文章刊出后，刘文典及时读到了，他感受到来自学生的拳拳诚意，并为之深深感动，数日后特意致信大学新闻社。在 3 月 23 日，《大学新闻周报》刊出了刘文典的来函和报社的复信，对刘文典先生表示敬意，全录如下：

清华教授刘文典先生来函

敬启者，家门不幸，蹇及小儿成章，猥蒙贵报平林君作文表深厚之同情，字字句句均可见平林君之慈祥恺悌，读之令人五中铭感，特肃素笺，向　平林君道谢。鄙人近年因忧亡儿之病，日以校注《庄子》自遣，去夏已成书，不久可付印，作为亡儿之纪念刊。倘有一字流传，则此子为不死矣。

平林君爱我，闻之当亦可稍慰矣。此上

大学新闻社

刘文典再拜　　　三月二十二日

文典先生，来示敬悉。敝社同人素以倡导民族意识运动为职志，对于先生之热忱爱国，并以人格矜式学生，气节文章，同深钦仰。除将敝报长期赠阅外，尤盼将所注《庄子》一书之特点，撰成短简，连同尊译《荒木告国民书》赐寄一份，俾敝报得以刊登书报介绍栏，公诸国人，无任感祷！专此即颂。

三月二十三日，大学新闻社编辑部启

这是一次老师与学生、学者与媒体的良好互动，从中可以窥见20世纪30年代，北平文化城大学中师生间的善意和诚挚。

远去的董鼎山

董鼎山先生在美国去世了，享年九十五岁。这个消息对于我来说，仿佛是一个遥远的回声，引起我一些久远的记忆。

其实，作为小说家的董鼎山先生，不，确切地说，应该是令狐彗（他的笔名），早就远去了，他回来的时候，是董鼎山，一个美国现当代文学的介绍者。

董鼎山，20 世纪 80 年代前后，出现在《读书》上，讲现当代美国文学。我发现很多东西简直和五十年前赵家璧的《新传统》一样，不是抄袭，而是话题相同，五十年前的话题，如今又来重新启蒙，而且又并不精彩，随后又发现冯亦代把当代的《纽约时报》书评贩卖过来成为自己的文章，不过是编译。由于社会和时代的隔膜，美国文学在 80 年代初又一次通过董鼎山和冯亦代给予了我们新的启蒙。

董鼎山谈美国文学，大陆结集了厚厚薄薄很多书，其实没什么真知灼见，都停留在单纯的介绍和择要翻译些别人评价的层次，正像他自己承认的，不过是“拾叶”罢了。美国文学这棵大树，您摘果才对呀，干吗只是拾叶？或许与当时的社会环境的制约有关，不容他深入和抒写自己的见解吧。不是我在这里故意贬斥董氏，曾见张远山等以庄周的名义撮弄出来的《齐人物论》也表示了差不多的观点：

> “纽约客”董鼎山先生的文章在国内有格调的刊物上出没频频，但要说这位“白相相”的前辈文章究竟做得如何，竟仿佛无从入手。掌故，有一点，但篓子并不丰富；趣味，有一点，但味道尚欠匀兑。正经，有一点，不正经，也有一点。按说随笔就该如董鼎山这样写（至少照英国规矩是这样），拉拉杂杂，涂涂画画，但董氏散文给人的感觉是，辅料充足，主料马虎。（见《齐人物论》）

我喜欢的董鼎山却是20世纪40年代的那个——令狐彗。一个初出茅庐的大学生，成了沪上报纸的记者和编辑，于是，一边写小说，一边写散文，都斐然可观，小说结集为《幻想的地土》，散文则取身边的人事，在《辛报》连载《世纪末小品》。

董鼎山是从《文汇报·世纪风》和《大美报·浅草》开始他的创作，而使他得享盛名的笔名令狐彗却是从《辛报》连载他的长篇小说《漩涡》才登场的。姚苏凤主编的《辛报》在抗战胜利后复刊，董鼎山也是该报副刊的一个编辑。钟子芒回忆说：“那时我觉得报上需要一个长篇，令狐彗的《漩涡》拿了出来；在一个郁热的黄昏里，令狐彗这笔名产生了，到今日为止，成为他的读者们一个最亲切的名字。”

据董鼎山的朋友说，他的小说写的都是他身边朋友的事和他自己的事。钟子芒说：令狐彗小说中有他自己的影子，“丁麦赛这角色，有着宽大的肩膀，高高的身材，跨着潇洒的步子；熟悉的朋友，便知道他在写他自己了”。关于温妮，他的朋友这样说：“远在三年前，他由一个女友的介绍，认识了他笔下常写及的温妮，温妮这个女孩子，有其不可捉摸的诡变，令狐彗被她捉弄得很苦，他是在恋爱时时常有约会，我一走到报馆来，他便很高兴地告诉我今天下午在哪儿消磨了，大家顽得很快活，并且说吻了她，他曾形容他自己怎样粗暴，和温妮怎样温柔。”“可是有时，也便不快意了——一次，他和温妮吵了场嘴，据说温妮不理他了，他在写字台畔哭了……”这些便是有关温妮的《世纪末小品》。

《世纪末小品》写的是董鼎山自己的恋爱和失恋，其主角却是温妮，文章写得愣头愣脑的，不成熟，却有生气，符合一个40年代二十出头的青年人，对待女性的态度以及自己对待爱情的看法。

1946年11月的《幸福世界》杂志第一卷第四期，还有董鼎山以笔名令狐彗写的《〈世纪末小品〉续篇》，谈他被温妮拒绝之后的反思，以及再见温妮的情形。

而他在《辛报》暂时休刊前，刊发了《世纪末小品》的末篇，那上面说：“八月二十八日，温妮向我宣布‘死刑’了。”

这样，他与温妮的恋爱，从小品，到续篇到末篇，就有了一个完整的故事，“我”成了一个沪上被当作消遣品的男子。

他的小说《梦之舞》就是写的他在舞场中认识的李姓舞女，而小说《夜之华》则是写他在与温妮欲断欲续间由一个朋友的妹妹为他介绍的一个女友。

董鼎山一度是沪上《幸福》杂志的主要撰稿人，到 1947 年 9 月 7 日启程赴美国密苏里大学学习新闻，才与《幸福》疏离，这时《幸福》正出到第十期。

令狐彗出洋前写过一篇《告别幸福读者》的小文，文章写于赴美前夜，刊于《幸福》第十一期。这一期为欢送令狐彗出洋，还专门出版了一个专辑，分别是：

告别幸福读者	令狐彗
记令狐彗	钟子芒
与令狐彗一席谈	上官牧
谈《幻想的地土》	汪　波

署名汪波的沈寂在《谈〈幻想的地土〉》一文中，同样提到了董鼎山小说的真实性，他说：“令狐彗的小说我不但第一个读，而且去还知道这些故事以外的故事，因此我最亲切也最熟悉。”他说：“《白猫小姐》是个千真万确的故事，有一次我和令狐彗在一家咖啡馆出来，我送他回家去，我和我的朋友们大都喜欢拣僻静的马路走，唯有令狐彗他喜欢在热闹的人丛中散步。那一夜，我们走了很多路……令狐彗忽然指给我看一个女

孩子，他问我她像谁？我说我看见过，就是在他一篇《白猫小姐》里，那时他的白猫小姐没写完，正苦着不知该如何接下去，我就鼓励他就在那女孩子身上发掘那故事的结尾。以下是一段奇遇，他就把那段奇遇写在《白猫小姐》上，交给我在《幸福》发表。”

董鼎山在《幻想的地土》的后记中说：他写自己的周围，他的故事不但有真实性，而且往往很奇妙。现在论者以为董鼎山小说是张爱玲一派小说的终结者，这个说法对他未免估价得过高，他当年是沪上的一个流行文学作家，是一个时髦的青年。

陈白尘被枪击事件

1939 年春，戏剧家陈白尘在重庆因为桃色纠纷被枪击事件，他的家属也并不讳言。陈白尘的女儿陈虹所著《我家的故事——陈白尘女儿的讲述》(2015 年 8 月江苏凤凰文艺出版社版) 对于这件事这么"讲述"的：

> 这一年父亲单身一人住在重庆，无意之中又结识了一位处于"水深火热"之中的女子喻某。喻的丈夫是国民党的政府官员，家中有儿有女，更有结发的"糟糠之妻"，而喻只是他"金屋藏娇"的一个"外室"。于是父亲又开始扮演"侠客"了——不过，这一次他更像是欧洲 18 世纪的骑士。
>
> "你爱看书么？"
>
> "你读过易卜生写的《娜拉》么？"
>
> "勇敢地冲出束缚你的牢笼，投入到火热的抗日斗争中来吧！"

其结果，《娜拉》还没看完，“骑士”还没当上，父亲就被喻的丈夫连击了三枪，倒在血泊之中了……更没想到的是，就在他昏迷不醒时，喻竟然推翻了自己最初在法庭上的供词，以180度的大转弯，同意了她丈夫的指控！

这一次父亲所付出的代价可真不小，“天真浪漫”的他终于有所觉醒了——“就为了吉诃德式骑士的幻想，使我义愤填膺，策马而前。不图遇到的却是风车，我倒下了……”

这一年正是1939年，陈白尘31岁，刚过而立之年。

上文说陈白尘单身在重庆，结识了一个国民党官员的外室喻某，陈白尘投身“堂吉诃德”式情景剧中，欲救喻某出于水火，孰料喻某尚未救出，喻某的丈夫就打了陈白尘三枪，终结了陈白尘的“侠客梦”。此段文字，读来给人的印象是：陈、喻两人并无私情，喻某丈夫完全是不明真相的误伤。

女儿所知，大抵得诸父亲或母亲所述，必有所讳饰，且由女儿来谈她出生前的父亲艳史，下笔矜慎，富有诗意，复为长辈讳，距离事实自然远了很多，外人读来云里雾里，难得真相。

为了探究此事的真相，我搜寻了民国书刊上的相关记载，引在下面。相信只有这样，才不烦絮语，真相自见。

1939年4月4日出版的《青年电影周刊》，刊有这样一篇文章《太平天国作者：陈白尘为爱情流血》，这是离事件发生时间很近的记载和报道：

陈白尘是个著名的剧作家，业（务）余实验剧团的《太平天国》就出自他的手笔，所作的剧本都很有意义和精警，他也曾写小说，曾用“墨沙”的名字发表了很多，有一本《茶叶棒子》小说集。

去年，陈白尘率领了一辈戏剧青年由上海、南京、汉口而到重庆，国立戏剧学校便慕名敦请，聘他做一位戏剧教授，陈白尘对戏剧既素有研究，而重庆逗留的文化朋友又多，因此即愿留在那儿执教鞭，而不去奔走了。

昨天，有一个朋友从重庆来信，讲到了陈白尘最近在那儿闹出了一桩“桃色纠纷”，并且发生“流血惨案”。事情很简单，陈白尘恋上了一个已经有了三个孩子的母亲，两人的暧昧行动不久终被发觉，于是被对方的丈夫找到了他，内地最近有枪杆子的人很多，那个人就拉出枪来连开三下，一弹中在肺部，一弹中在胃部，伤势十分沉重，生命极呈危险，在重庆的许多朋友，如洪深，田汉，史东山，应云卫，陆翰星等都去医院探望过！（下略）

上文写明是“桃色纠纷”，并用了一个“恋”字，陈白尘的身份不是救人水火的侠客，而是恋爱的一方甚明。

这篇文章记得很简略，但有两点比较详细：一、女方是三个孩子的母亲，二、两颗子弹分别击中的位置。有三个孩子，该女的家庭生活已有较长久和稳固的关系，而枪击中弹在肺部、胃部，凶手都是针对要害部位，欲置陈白尘于死地，则该女的丈夫之愤怒可以想见。

出版于天津的《民治周刊》，1947 年第 1 卷第 9 期有这样一篇短文《陈白尘一笔风流债》（署名马高）：

> 《升官图》剧作家，陈白尘和他的夫人金玲女士到上海来了。
>
> 在后方几年里，他的风流倜傥和他的作品一样遐迩皆知。二十八年间，他住在张家花园时，看上对窗邻居朱太太，由方城战进而写情书，更进而开房间。朱先生服务蒙藏委员会为科长，场面上人物也，为顾及面子，曾两访陈白尘，请他搬家，结果敬酒不喝喝罚酒，朱某拔出手枪连击三下，陈白尘卧血泊中。后送市民医院，从死中逃了出来，复由朋友某接歌乐山家中疗养，谁知风流依旧，与朋友夫人发生了暧昧。（下略）

这篇文章对陈白尘被枪击事件的记载比较详细，补足了很多必要的细节：如事件发生的地点：张家花园；恋爱的一方是对窗的邻居朱太太（即是上文的“喻某”），两人结识是因为麻将搭子，然后由陈白尘写情书勾引，然后是开房间。可见两人的私情是遂了愿的。另一方的老朱，是蒙藏委员会的科长，并不是一上来就开了枪，而是先礼后兵，两次拜访，宁愿息事宁人，请陈退出，但陈不肯退让，老朱开枪射击，我们的戏剧家于是倒卧在血泊之中了。

我们且不管这位喻某是否是朱某外室，毕竟民国事实上认可这种关系的存在。就整件事来说，陈白尘是纯粹的第三者，且是得陇望蜀不肯退让的第三者。当年社会上这类桃色纠纷并不鲜见，我们熟知的如郭沫若和于立群同居，老舍和赵清阁同居，只是像陈白尘这样造成血腥的局面比较少见，这未免太戏剧化了。

1945 年 10 月 1 日，柯灵在上海编辑了一册《作家笔会》，作为“春秋文库第一辑之一”由春秋杂志社出版（海豚出版社 2013 年 6 月重版，此据海豚版）。集中收了一篇署名殷芜的《剧校回忆录》。所谓剧校，就是陈白尘任教的国立戏剧学校，作为剧校的一员，殷芜身历了陈白尘被枪击事件，虽非目击，却是耳闻了事件发生的前后过程。殷芜的记载自然更接近事实——

> 提起陈白尘，不由的令人想到前几年轰动一时的陈朱桃色案，那事正是我认识他不久以后发生的。事情是这样的，这幕恋爱悲剧的女主角是一位显贵的年青的太太，她是陈先生的邻居，他们的住宅分居在一条很窄的巷道的两边，窗户正好是相对着的，他们时常可以在楼窗中相看，时间一久，白尘因为好奇心的驱使，于是向他的朋友打听他的那位年青的女性邻居的身世，后来才知道她是一个被旧家庭所牺牲的新女性，曾经受过高等教育，可是她的家庭为了势利的献媚把她嫁给了一个年纪很大的显贵，可是在她嫁过去不久就发现是被骗了，原来那位朱先生早已有

了太太……白尘听了她邻居跟朋友的叙述，不免对这样一个美貌的弱女子引起了深切的同情，此后，他不但时常听人说起她与家庭不睦的伤心事，而且，时常在深夜听见他们夫妻口角声。于是他因同情而不自主的爱上她了。从此他开始避开她的丈夫的耳目跟她私下通起信来……这以后，他们更由通信而变为情侣；他们的恋爱也同时由诉情而进入幽会的阶段。白尘这时时常背着她丈夫约好年轻的朱太太游山玩水，甚至流连忘返。

……当然“纸包不住火”，那位显贵不久就听到了许多难堪的流言，使他不得不在日理万机之余，留心起他太太的行动来。不久他就发现了白尘寄给他太太整束的缠绵的情书……我们悲剧的英雄，在情感狂烈的激动下，立刻拿起他的自卫手枪，带了白尘的情书，到他的邻居兴师问罪去了，恰巧白尘正好在家，激烈的口角开始了……朱先生被迫不得不拿出武器来作一个结论，可是我们可怜而可敬的朱先生，他在悲剧的尾声中倒确实是个英雄，他向白尘开了三枪，三枪全中要害。

不抄下去了。我们再看看此事的结果：朱先生开枪后投案自首了，最后因“蓄意伤害”而被判了很轻的有期徒刑。陈白尘则以“引诱有妇之夫”的罪名判了两年的缓刑。而事件的另一位主角朱太太喻某，离开了重庆，离开了朱某，也离开了陈白尘，到一个偏僻的乡村小学校做了一名女教师。

殷芜的记载有臆测的东西和渲染的成分，写得好看，这里不作全引，要看全文的可以找《作家笔会》自己阅读。

以上不同作者的四个记载，虽然有一些细节不符的问题，如陈白尘中了三枪还是两枪？朱某拜访了两次还是一次？但可以说，我们多少了解了陈白尘被枪击事件的大部分事实。我们无法看清完全的真相，但我们可以更接近真相，所谓偏信则暗，兼听则明。

人，要像圣人所谓的发乎情止乎礼是不容易的，特别是一个戏剧家，他在纸上设置戏剧情节的同时，很可能在现实中把自己也沉溺进去，脱身不得。但戏剧情节的发展却没有两次相同的高潮，陈白尘养好伤之后，到了歌乐山的高店子镇，在那里，早已是有妇之夫的他又遇到了一个有夫之妇金玲，这次轮到他胜利了，最终他娶了金玲，成为相伴终身的夫妇。

民国苏州的首届集体婚礼

集体婚礼，民国时期叫作集团结婚，为顺应现代习惯，题目姑用“集体婚礼”，具体叙述则照民国习惯，先此说明。

民国时期的集团结婚，发端于 1934 年 2 月蒋介石在南昌提倡的新生活运动。这个运动乃是西方基督教义、儒家学说和传统礼教杂糅的“怪胎”。蒋介石有鉴于当时旧道德沦丧，而希望有以救之，以新的信仰和道德挽救人心之失坠。就此，全国各地都组织了新生活运动促进会以推广之，简称新运。新运以礼义廉耻，国之四维为精义，集团结婚就是从廉字上衍生出来的产物。当时在首都南京就成功地举行了一次（马超俊市长任上），上行下效，苏州自亦不甘人后，于 1935 年 9 月适时推出了集团结婚——

集团结婚：本县定双十节后，开始报名登记。

该报道说：“本县新生活运动促进会，以本县人民之婚嫁典礼，每多极事铺张，与新生活运动主旨有所抵触，因特召集会议，拟定本县新生活运动集团结婚办法，业经函准县政府备案……”此消息一出，居然前来询问登记办法的人不少，惟当时不过是一个倡议，先行放风，具体事宜都未定妥，且还要等到10月10日才开始登记，面对前来询问的人们，只得一概无从答复。然正是这样的反响，给新生活运动促进会错误的信息，认为这样的倡议符合苏州市民的期望，结果造成了相当被动尴尬的后果。

9月13日，《苏州明报》刊出了新闻，标题如下：

第一次集团结婚定双十节举行，急需积极筹备

原本拟定在双十节后举行的登记，这下忽然决定就定在10月10日举行仪式了。看来，这帮主事人是多么兴奋，多么积极。不像现在都是民间的什么婚庆公司操作，当时颇把这第一次当回事，因为对社会有积极的指导意义。新生活运动促进会为此赶紧制定了结婚办法，指定了集团结婚办事处的职员，拟定了办事细则，还发文备了案，当成了当时的一件大事。

特别值得提出的是，举行集团结婚的地点决定在中山堂。这是才建成一年多的，苏州人民最正式的大会堂。

不料正在此时，中山堂的屋顶忽然坍塌了。

中山堂，在观前街玄妙观三清殿后面，这里原是玄妙观有名的建筑弥罗宝阁，清末因为雷击起火而毁。20世纪30年代，吴县政府和苏州士绅拟建一处有纪念性质的大会堂，作全县集

会庆祝之所，勘定在已毁的弥罗宝阁旧址。当时组了一个筹备委员会，分廿五组，共募捐了33835元，经过几番周折，才在1933年5月10日开工建造。为了建造这个中山堂，士绅张一鹏出钱出力，很费了一番心力，终于在1934年4月4日建成。孰料建成不到两年，正要派它用场——举行一个热闹的集团结婚，这个节骨眼上，它的屋脊却塌了下来。

美轮美奂的中山堂，原是苏州当年最好的建筑，它有一个标志性的装饰，就是在其屋顶弄了“天下为公”四个金字，还在屋顶正中装饰了一个圆桌面大的水泥制地球模型，大有心怀世界，建设大同的意味。然而，1935年9月12日中午12点50分，一阵狂风吹来，先把水泥地球模型吹倒了，这个水泥地球就像古代抛石机抛出的巨型石块，顺便砸了“天下为公”四个金字，然后又一并把中山堂的屋脊砸出了一个大洞，从屋顶坠落下来。第一区区长吴尔昌、办事员沈永年等四人原在中山堂办公，只听一声轰响，天崩地裂，不单头顶开了大天窗，室内二楼会议室中“桌二只，及椅二十三只，大电灯三只，均被压毁”。如果联想到两年后抗战爆发，这次中山堂的事故，很难说不是一个信号。

就这样，集团结婚八字还没一撇，举办婚礼的礼堂先出了大事，于是第一区公所认为集团结婚的事必须从长计议，延期举行。然而，新生活运动促进会不这样看，他们觉得：自本会倡议制定办法后，各界均盼早日实行，结婚日期，更以双十节为最有意义，未便延缓，仍请积极筹备，如期观成。甚至认为即使中山堂来不及修复，也可以另定地点，决不展延。

然而事情的进行，有时候不以促进会的意志为转移，这首届集体婚礼注定不会这么顺顺当当。

且把集团结婚的事放过一边，先说说当年定出的办事细则，全录下来，以存文献。

集团结婚办事细则（第一区区长吴尔昌订立）

1 本办事处依据吴县新生活集团结婚办法第三条之规定，附设于吴县第一区区公所，并订定办事细则；

2 本处秉承吴县新生活运动促进会之宗旨，主办吴县居民集团结婚事宜；

3 集团结婚初办时，其事务除由区长指定区公所职员兼任外，得聘请吴县新生活运动促进会派员协助，嗣后如遇事务纷繁，原有职员不敷调遣时，应添设专任办事员一人或二人，均受区长之监督指挥；

4 集团结婚应需各项章则格式，由处拟定，报请吴县新生活运动促进会核查施行之；

5 集团结婚，每次以结婚人十对为最低额，由处先期登报征求，并就结婚人呈缴之申请书，逐一审查，决定可否俟额满后依次公布之。如利害关系人，对于结婚人提出确实证据，声请异议，得予受理；

6 每届核准之结婚人，由处注册编号，发给参加证，并定期举行结婚仪式，凭证参加；

7 本处填齐结婚证书后，通知男女主婚人，及法定代理人，带同男女介绍人结婚人来处亲自盖章，并将结婚证书，及参加申请书一份送请吴县县政府分别盖印存查；

8 每对结婚人呈请缴申请书时，本处职员，应收取结婚证书印花税国币四角，结婚费用国币二十元，及全身照片各二张，二寸半身照片各一张；

9 本处对于结婚人所用礼服，得报请吴县新生活运动促进会指定，暂由其家织制，以昭一律；

10 本处如感参加结婚人于结婚仪式必须事前准备者，得通知结婚人先日到处依次演习；

11 结婚礼堂，于吉日前，由办事处职员布置；

12 结婚典礼员，由处聘请专家担任；

13 本处职员，如遇结婚人对于参加集团手续不明瞭处，应再为解释，多方指导；

14 本处办公时间，除星期例假外，上午八时起至下午五时半止；

15 本处职员，对于各项文件簿籍银款，应负责保管，由区长随时考核；

16 本处经办每届集团结婚终了时，应造具报告及收支清册，报请吴县新生活运动促进会，审核存查；

17 本处图记，报由吴县新生活运动促进会刊发启用；

18 本细则报请吴县新生活运动促进会核准施行，修改时亦同。

该细则定得相当详尽细致，特别是对己方的约束，很是严谨，然而，却对结婚人一方的考虑有点疏略，忽略了结婚人是否已婚，是否出于自愿，要不要预先审核，如果只是由“利害关系人，对于结婚人提出确实证据”，事后提出异议，生米煮成熟饭，还来得及否？其次，如果凑不满最低限额的十对，这个集团结婚还办不办？细则的订立未免有些过于乐观了。

9月19日，吴县新生活促进会在主席朱守照的召集下为集团结婚专门召开了一次常务会议，对上开细则作了一点修正，并指定第一次集团结婚如在中山堂修复前举行，可暂假县党部大礼堂举行。此次会议还规定了结婚人的服饰与打扮：

结婚人服饰：新郎蓝袍黑马褂；新娘蓝色旗袍（绸、布不计，惟须国货）

男用软边呢帽，鞋用黑色缎而皮底；女用缎面花鞋

男、女均不得烫发；届时由办事处发给红色胸花缎带

女方新人竟不用大红而用蓝色旗袍，已经有点匪夷所思了，新郎用黑马褂也是很奇怪的规定，虽然这曾是民国规定的国服，然而人家毕竟是结婚。不得烫发倒好理解，这是新生活运动题中应有之义。

9月24日，报纸上终于有了登记时间和办法：廿五日始到三十日截止。凡志愿集团结婚之男女，须亲自到中山堂二楼办

事处，填写申请书二份，交纳二寸半身照四张，及印花税四角和费用二十元。缴纳的照片已经与上开规定有所不同，应交全身照改为半身了。

接下来的一个星期，相当关键，报纸上大刊广告，征求报名登记，转眼30日截止期到了。前来登记的新人却叫人跌破眼镜，全城大范围里总共只有区区四对，有一对是来自陆墓的，报名后应办手续未能完成，还不能参加。距离十对的最低额度相差甚远。

这三对敢于首先尝试的新人值得介绍：

第一对：新郎余志良，28岁，家住北寺大关帝庙弄1号，现任上海电报局电务员。

新娘刘文英，20岁，家住山塘街福全巷56号。

男方主婚人：长兄余云涛，介绍人：毛坤元（住山塘街福全巷24号）

女方主婚人：其父刘灿章，介绍人：沈培源（住福全巷7号）。

第二对：新郎戴君才，45岁，常熟人，现任职常熟南门外西市河豆饼棉子行司账，住常熟大东门周市。

新娘陈静云，35岁，常熟人，现住水北门大街36号。

男方主婚人：其父执施松亭（施筠清之尊人）介绍人：张国勳，现住常熟虞阳里3号。

女方主婚人：其亲戚傅凤娥，现住齐门路99号，介绍人：强亦明，现住常熟南门南市河。

第三对：新郎戴云翔，23岁，安徽休宁人，现任职角直同和典。

新娘顾金仙，22岁，昆山人，现住昆山下北港。

男方主婚人：其叔戴慰民，介绍人：王纯一，家住角直。

女方主婚人：其叔顾凤祥，介绍人：王幼甫，住昆山。

这里不惮其烦地把这三对一一列出，原是可以从中看出点名堂来。首先，第一对男方在上海服务，上海是个开风气之先的地方，所以首先尝试集团结婚似乎不怎么意外。

下面两对，第二对从年龄上解读，应该是再婚了，男方是个账房先生。第三对来自吴县与昆山交界的角直，女方是昆山人，男方是“徽骆驼”朝奉先生，照他23岁的年纪，似乎在家乡应该早已婚娶，除非家境极度困难或孤身一人，才可能在典当当地婚娶。因此，这一对，以笔者的判断，家乡有发妻的可能比较大。另外值得注意的是：都是城厢外的居民，真正城里的居民竟然没有报名的。

这就是在吴县第一届集团结婚“吃螃蟹”的六个男女，那么他们是否真的在“双十节”成功集团结婚了呢？

由于参加的新婚人员太少，新生活运动促进会决定把登记日期再延长五天，即到10月5日截止。

没到最后一刻，情况永远可能变化。

转眼五天又过去了，才增加了一对，四对，这一对也是原先登记了，而未办理照片和填写申请表等手续的，在五天中完成了手续。男方是横泾人，乾泰祥职员孔庆中（21 岁），女方是木渎人顾涛锦（22 岁）。

这四对新人缴费总数是八十元。

新生活运动促进会骑虎难下，这区区八十元能做什么？区公所更是尴尬，光布置礼堂就不够，还要专门设一个办事员，还要请名人证婚，恐怕得申请专项经费或另行设法筹备才行。毕竟首届集团婚礼，别人的人生大事，不能花团锦簇，至少总得简单庄严，以壮观瞻才是道理。

转瞬延长的五天又过去了，还是四对，没有一点增加。区公所蹙眉了，向促进会发文，是否可以延期办理，即 10 月 10 日此前说的最佳纪念日，是否改期？区公所说："自经积极推行，并登报征求登记，极力宣传，惜以事属创举，应征者不多……距离最低限度，相差甚远，双十节举行结婚时期，是否依照原定预算实行，请新生活运动促进会核夺示复。"当然事情还在有序进行，譬如修正了办事细则，申请书格式，此处略过。区公所还制定了礼堂规则。这个规则包括要凭券入场，每人一券，不得随地吐痰，不得喧哗吸烟，不得戴帽等等，都是要求循规蹈矩的。这些规定，庄严肃穆有余，要说营造喜庆气氛，则南辕北辙矣。

终于，新生活运动促进会也耐不住了，连开了几次会议，最终决定展期到十二月一日举行。一句展期不要紧，那四对报名的情侣不干了，家里服装照你的要求做了，婚礼所需一切都筹备了，喜讯也都通知了亲友，你说一个展期，难不成我们就不结婚等你不成？其中第四对新人孔庆中的亲戚，中国国货银行行长孔叔慎，对这种半吊子事很是不满，打电话给县党部特派员兼新运设计股长孙丹忱，提出质问：新运会可否不食言，婚礼能否准时在双十节举行？孙丹忱说：新运会已经议决，碍难变更。如果各家仍须在双十节举行，可以自行处置，如有需要，可以派人前来襄助。为了表示歉意，如果需要他做证婚人，孙丹忱说："无论公务如何忙碌，他一定前往证婚。不让新人失望。"

民国苏州的首届集体婚礼，至此已经无疾而终。

那么这四对尝试参加集体婚礼新人又是怎样过了他们的"双十节"呢？《苏州明报》作了这样的报道，这里全录如下，作为本文的结尾——

集团结婚展期以后

新郎新娘分别各自举行婚礼

据情呈区公所请求发还费用

第一期新生活集团结婚，原定最低限度十对，于"双十节"举行。讵至截止后，报名登记者只四对，距原定最低限度尚差甚远，后经新运促进会议决，决定改在十二月一号举行，而该四对新郎新娘暨家属等，以风俗向例，婚期只可提前，不可落后，且已帖邀亲朋，酒菜一切，均势难回绝，故四对中除戴云翔、顾金仙一对外，而戴礼（笔者按：即戴君才）陈静云，余志良刘文英，孔庆中顾锦涛（笔者按：前作涛锦，当误）等三对，咸于“双十节”在新苏饭店举行婚礼，以达团圆目的。昨日下午均联名据情呈请第一区公所，请求撤销，并请发还费用，今吴区长已据情专函新运促进会请求核示云云。

这次吴县历史上首届轰轰烈烈的集团婚礼，竟以流产画上句号，弄得简直可以说：两头勿着落，一场无结果。

清末苏州名妓金凤

清末，苏州出了两个名妓，一个就是为大家熟知的状元夫人赛金花，嫁了洪钧，到了西洋，民间曾封她为“九天护国娘娘”，刘半农曾为她写传，真是煊赫一时；还有一个，当年的名声，至少在苏州，和赛金花不相上下，如今却早已被人忘记了，她叫金凤。这个名字很常见，如文康的《儿女英雄传》就有一个张金凤，不如赛金花那么独特和响亮。

金凤最早是苏州有名的“烟馆西施”，所谓“西施”，乃是苏州民间对某行业最美女性的称呼，烟馆行中，金凤首推第一，因此以“西施”名之。这家烟馆开设在大成坊巷口，金凤人长得白皙漂亮，为人八面玲珑，很得苏州士人的喜爱。贵池刘公鲁，每天抽鸦片必须到她的烟馆中，无金凤不欢，一榻横陈，由金凤调烟烧泡，两人面对面躺在烟榻上，边抽边聊，肉面对肉面，真是风光旖旎。有一次，刘公鲁甚至把家中的秘本也忘在了烟馆。直到金凤将烟馆盘给他人，才绝迹不去。

金凤有很多追求者，其中财势最大的是上海巨商任老九，每周六，任老九总仆仆风尘，来往于苏沪之间，不过是为了一亲金凤的香泽。这些追求者中，还有苏州本地的一位程道台的公子，玉树临风，儒雅文静。程公子来得晚，开始只能排在任老九的后面，趁任老九在上海经商的空当，来烟馆亲近亲近。不过，金凤虽然是风尘中人，却很有眼光，对程公子另眼相看，慢慢地与程公子亲密无间，而和任老九冷了几分，有点虚与委蛇而已。烟馆开了几年，有人劝金凤干脆搬到仓桥浜去。烟馆西施动了心，从烟馆中脱身出来，到仓桥浜张了艳帜。

清末，仓桥浜是苏州的红灯区，搬到仓桥浜，意味着不再像烟馆那种半开门，而是正式做了。金凤是自由身，地位颇高，爱恋她的人很多，很多人在她身上大把使钱，曾一度被评为花榜状元。

每年新正，苏州的妓女盛行兜喜神方，又称兜马车，即乘了马车在金阊道上兜风，这有点像上海妓女乘了马车上张园。金凤的马车，是最受苏州人注目的。据当时人记载，金凤的马车最为豪奢："车中靠垫皆自制，绸面绣以金线凤凰。"金凤在车中并不避人，以帕掩口微笑，引得年轻人举市若狂。顽童都用小炮仗和小吃往车厢里丢，仿佛古代潘安、何晏出门的再现，金凤不以为忤，因为她知道这是她受人欢迎的体现。据说当年还有人自费印了小册子，追捧金凤，这种待遇，在苏州的妓女中很少碰到。

最后，程公子在爱情的长跑中胜出，把金凤娶回家为妾。娶回金凤的程公子，发现金凤居然有帮夫运，因为不多久他就被任命为浙江某县的县令，于是金凤在苏州就成了一个官太太。每乘了绿呢大轿，在观前、护龙街经过，轿子里是白皙而略有富态的金凤，引得下层妇女分外眼红，啧啧称羡：一个妓女，一跤跌进青云里了。

金凤脱胎换骨，成功融入体面家庭的故事，成了苏州妇女界的一个传奇。

金凤变成了官太太之后，倒也不忘旧友，见到以前的“面首”，总是点头为礼，毫不矜持。有个在茶馆卖状元糕的男子，也曾是金凤的“恩客”，为她荡尽了几十万家产，沦落到卖状元糕的境地，有一次，金凤在路上看见他的落魄之状，赏了他二三十元钱。金凤不是那种富贵而相忘于江湖的无情无义的女子。

清末，苏州的名妓中，金凤是成功转型的典型，福命都好，比较而言，赛金花虽曾贵为“状元夫人”（其实是妾），但大起大落，终其一生为妓，虽然充满了传奇，却也同样充溢了痛苦。

沙曼翁以诚待友

书法家沙曼翁，民国时期则是苏州人熟知的书画家沙古痕，说起来，他的祖上还是觉罗氏，皇族旁支，镇江驻防旗人。

民国时期的沙古痕，抗战后期在观前街178号太平保险公司做公司职员。1946年12月，沙古痕在太监弄九华堂开了一个画展，这个画展使得三十二虚岁的沙古痕广为苏州人所知，展上出售了不少书画作品。消息一出，有一个镇江人杨仲皋不免心中一动。

原来沙古痕与杨仲皋不但是镇江同乡，两人还是好朋友，沙古痕保险公司的工作，也还是杨仲皋介绍的。看到沙古痕在苏州生涯不恶，杨仲皋在上海坐不住了。他正想活动招商局买办，可惜手头没钱，沙古痕画展一办，杨想：我有恩于沙古痕，正好可以到苏州找他弄点钱。想来不至于驳我的面子。

12月1日，杨仲皋从上海来到苏州，下榻中央饭店121室。他找到沙古痕，一开口就是商借法币二百五十万元。沙古痕吓了一跳，真是狮子大开口啦，我哪有这么多钱呢？可是好朋友开口，没办法，总得为朋友设法。

两人讲来讲去，最后，沙古痕决定借给他百万元，不足之数，用书画抵，杨可以拿一部分书画到上海出售，以凑足此数。

这事本来就这么结束了，沙古痕对老朋友也算够交情啦。

交付停妥，沙古痕要告辞，杨仲皋忽然说：沙弟，我这里中央饭店的房金还欠十几万，没有着落呢，你是否帮我设法还一下吧。

沙古痕愣了一下，自己现款全结交给你啦，怎么临走还弄出这一桩事来？

帮人帮到底，送佛送到西吧。沙古痕皱了一下眉头，说：“那我再回去筹点钱，来付了这里的房钱吧。”

已经很晚了，沙古痕冒着寒夜的风，敲了几家朋友的门，好在钱不算太多，一借也就借到了。

沙古痕想，干脆就把钱拿到中央饭店替他结了账，也省得杨仲皋耽搁，明天就由他回上海吧。

孰料冲寒冒风赶到中央饭店总台一问，杨仲皋其实并没有欠下房金。

这是怎么回事？

是杨仲皋再想敲了我一笔，还是仅仅是一个误会？

沙古痕决定到杨仲皋房里问一问究竟。

门开了，杨仲皋房里很热闹，正和两个女人左拥右抱，艳福不浅哦。

沙古痕眼前一黑，但又不便当着两个女子发作，一言不发，转头冲出了中央饭店……

翌日，沙古痕正在保险公司办公，老朋友杨仲皋出现了……

原来他是来讨中央饭店的房金。

你欠什么房金啊？是我沙古痕前世欠了你的房金？我辛辛苦苦筹钱给你，你倒好，钱多得可以和风尘女子鬼混！

沙古痕气不打一处来，上前一把扭住了杨仲皋的胸脯，把这位老朋友“骗子”扭到了玄妙观的警所。

请神容易送神难，在警所一番调解，沙古痕选择了和解，想想老友以前确实帮过自己一把，莫为已甚，再送他几万法币，打发了吧。

沙古痕的这则逸事，当年《力行日报》的标题是：

画展收入佳，歹友觊觎，借去巨款狂嫖妓，莫逆结恨。

沈三白的胞弟启堂

过去读《浮生六记》，专注重夫妇唱随之乐，觉得娶妇如此，人生也算光彩夺目了。林语堂在《浮生六记序》中说："芸，我想，是中国文学史上一个最可爱的女人。她并非最美丽，因为这书的作者，她的丈夫，并没有这样推崇；但是谁能否认她是最可爱的女人？她只是我们有时在朋友家中遇见的有风韵的丽人，因与其夫伉俪情笃，令人尽绝倾慕之念。我们只觉得世上有这样的女人是一件可喜的事，只愿认她是朋友之妻，可以出入其家，可以不邀自来和她夫妇吃中饭。"这话说得不错，读《浮生六记》确实会有这样的感受。然而书是可以改换了关注点再看的，即看看沈三白笔下的亲弟弟启堂，忽然就有很多新的发现。原来沈三白夫妇的人生际遇，竟与他的胞弟分拆不开。

沈复（三白）昆仲两人，其弟在书中号启堂。

启堂第一次出现，乃在六记之第一记《闺房记乐》：

时为吾弟启堂娶妇，迁居饮马桥之仓米巷，屋虽宏畅，非复沧浪亭之幽雅矣。

这几乎是沈复陈芸夫妇两人生活的转捩点，从沧浪亭畔的雅趣幽情、快活逍遥，到仓米巷后，则“院窄墙高，一无可取……开窗对陆氏废园，但有荒凉之象”。这完全因为启堂娶妇造成的生活变化。沈复夫妇随后迁居朋友鲁半舫的萧爽楼，再到王废基避暑，都是因为搬迁到仓米巷居所后演化出的结果。

启堂结婚，陈芸还出了大力，不过，陈芸之出力，效果未必佳。据沈三白记载：

余启堂弟妇，王虚舟先生孙女也，催妆时因缺乏珠花，芸出其纳彩所受者呈吾母，婢妪旁惜之，芸曰：“凡为妇人，已属纯阴，珠乃纯阴之精，用为首饰，阳气全克矣，何贵为？”

记录此语，看得出沈三白很赞赏妻子的见解。然而，他可能并不知道，陈芸的这番说辞，果然可以解释自己的慷慨，同时却也抵消了自己的慷慨给人的好感。因为你认为不利的东西来给别人，不是一种嫁祸于人的作为吗？如果传到启堂之妇耳里，她接受这珠花，心里也必定不会愉快：首先是嫂子用过的，其次是嫂子觉得不利的。陈芸直言爽利，听在别人耳朵里，却别有一番滋味在心中。

在《坎坷记愁》中，又发生了启堂赖账的事：

> 壬子春，余馆真州。吾父病于邗江，余往省，亦病焉。余弟启堂时亦随侍。芸来书曰："启堂弟曾向邻妇借贷，倩芸作保，现追索甚急。"余询启堂，启堂转以嫂氏为多事。

启堂对嫂子在哥哥面前出了他的丑相当不快，所以"以嫂氏为多事"。他却不理解嫂子的困难，因为她在苏州面对的是讨债的人。面子还是小事，启堂之不好，还在嫁祸于嫂子，当父亲知道后，"询启堂以邻项事，答言不知"，自己推得一干二净，于是陈芸自然落得个"汝妇背夫借债，谗谤小叔……悖谬之甚"的罪名了。这就直接导致了夫妇两人此后有家归不得，子女离散，寄人篱下。陈芸竟因此客死异乡。

当陈芸已逝，沈三白偕妻子木主还乡，启堂借口父怒未消，不让他进门："严君怒犹未息，兄宜仍往扬州，俟严君归里，婉言劝解，再当专札相招。"这话说得冠冕堂皇，但毫无怜悯之心。兄长悼亡，子女离散，无家可归，且当时父亲不在家，留兄长住几天，待父亲自己赶他，顺理成章，实在毋庸他代劳，可见启堂毫无心肝也。

沈三白早年因为"余堂伯父素存公早亡无后，吾父以余嗣焉"，他作为长兄，被父亲嗣给了堂伯父。从理论上说，他只能继承堂伯父的遗产，不能继承生身父亲的财产了，虽然他其实一直与父亲生活在一起。

启堂夫妇则还是不无担心，长兄既然已经嗣给了堂伯父，自己就成了当然的继承人，但自己是次子，兄长又一直生活在自己一起，这就造成了父死之后，启堂吞并家产的事。

父死，沈三白并不知晓，在扬州还是得到了女儿的来信，这才奔丧回苏。“吾母见余哭，曰：‘汝何此日始归耶？’余曰：‘儿之归，幸得青君孙女信也。’吾母目余弟妇，遂嘿然。余入幕守灵，至七终无一人以家事告。”至此，沈三白已经是有亲属关系的“外人”了。

启堂夫妇连父死也不通知沈三白，简直不当他是家里人和自己的兄长了。沈三白完全被排除在沈家之外，然而守灵却有他的份。

启堂还不罢休，不但容不得兄长在家，还使出更绝的一招，唆使债权人上门索债，逼使沈三白再次出门。

沈三白是聪明人，却不是精明人，面对这样无耻可恶的行为，他无力自卫，只能逆来顺受，“余因呼启堂谕之曰：‘兄虽不肖，并未作恶不端。若言出嗣降服，从未得过纤毫嗣产。此次奔丧归来，本人子之道，岂为争产故耶？大丈夫贵乎自立，我既一身归，仍以一身去耳！”

沈三白就这样被两手空空扫地出门，但启堂还不罢休。当沈三白辛辛苦苦跟人经商到崇明，为老板司笔札，得到二十金回苏。启堂还要算计他刚得到的这笔辛苦钱：

归，值吾父将安葬，启堂命逢森（三白子）向余曰：“叔因葬事乏用，欲助一二十金。”这简直是要置沈三白于死地的架势。

后来，启堂还把仓米巷的房子卖了，连自己的母亲也不管，让她住到了妹夫家里。沈三白的浮生苏州，就这么完结了。

以上都是沈三白《浮生六记》一家之辞，未知启堂是否有另一番说辞？

曲园女弟子张贞竹

二十多年前，马医科巷曲园重修开放时，我躬逢其盛。那时的曲园，就几个厅堂，后面的园子还没收回，东边的房子也还有居家没有迁移，不过是截头去尾的曲园罢了。

刚开放的曲园，展品不少，如赛金花的钢琴，彭玉麟的梅花，曲园老人的拐杖、著作的板片等等，琳琅满目。在这些展品中，我最喜欢一幅书法小品，署名是张贞竹，介绍说是曲园女弟子。这幅书法飘逸洒脱，使观赏的人很容易联想到一位风神娴雅的闺秀，生出一点缥缈的遐想来。

很多年后，俞平伯先生在北京去世了，我再去曲园，虽然曲园的地域扩大了很多，却没有这些东西了。张贞竹的书法也没有了。曲园成了一个容器，装过曲园老人一家，腾空了，换了一批居民，又腾空了，来来去去是我这样的游人。

满了，又空了。

张贞竹的那幅书法，一直留在我的记忆中，影影绰绰，宛若雾中。

近读曲园老人的《春在堂随笔》，记张贞竹事甚详。

原来张贞竹，字碧筠，浙江慈溪人。她的祖父在湖北汉口开药材店，广有资财。祖父去世后，药材店传到她父亲手里，这位大少爷不能守成，不几年就败光了店本，债务缠身，不得已卖光了田地家产还债，仍然在汉口立不了足，只得携家回到故乡。人穷被人欺，故乡也不能呆了，到杭州投亲靠友。可惜音讯不通，到了杭州，才知道亲戚已经去世。这时候，真是叫天天不应叫地地不灵，无处可去，租了一个草棚暂住。

张贞竹兄妹两人，在汉口时读过私塾，读书之外，兄妹俩又从塾师处学得一手好字，张贞竹更为出色。

家道败落后，张家长子也死了，全家没有生活来源，张贞竹主动说可以卖字。就这样，来杭州后，张贞竹抛头露面，每天在路旁卖字，维持全家生计。

一天，被路过的县役看上了，要和张家结亲，娶进门做媳妇，张贞竹的父亲不愿，一口拒绝了。孰料这个县役不是省油的灯，失了脸面，恼羞成怒，暗地里到房东那里把草棚买下了，即日把张家扫地出门，又一把火把草棚烧个干净。

可怜张家没有了栖身之地，张贞竹只能暂时到尼姑庵去住，仍每天出门卖字，艰难度日。

这一日，处州太守陈六笙正好到杭州办事，他的跟班正好路过张贞竹卖字处，看到一个小姑娘在路边卖字。回去后和陈太守说起，陈太守听了也感兴趣，叫跟班把张贞竹叫到住处，要试她本事。果然聪明伶俐，小小年纪，就写得一手擘窠大字，赏识她的才能，怜悯她的遭遇，到处延誉，张贞竹有了点名气。

不久，陈六笙处理了杭州的事务，回到处州本任。张贞竹失了依靠，偏偏这时候母亲又患了病，刚积攒的钱，流水似的花去，又回到困窘的境地。

听说杭州诂经书院请了俞曲园先生做山长，张贞竹想求求这位经学大师，纾解目前的困难。打定主意后，张贞竹就到右台仙馆去求见，俞樾怜才女孤露，送了点钱给她，也为她介绍了一点写字生意。

俞樾既是苏州紫阳书院的山长，同时又担任杭州诂经书院的山长，一年中两头跑。俞樾要回苏州，张贞竹动了拜师的念头，和父母商量，也要到苏州去。

张家一到苏州，就去马医科巷曲园拜见，俞樾也动了要收女弟子的意思，就叫张家在曲园后小屋里暂住。

俞樾就正式收了张贞竹为女弟子。

张贞竹每天问候老师起居，执卷问字，学习书法，果然大有进境。由于是俞樾弟子，张贞竹的卖字生涯也好了起来，不久就积存了三百个大洋。

张父觉得久居老师家里不便，如今有了曲园女弟子的名号，可以高飞远飏了，就要张贞竹到北京，因为北京还有一个亲戚可依靠，总比在苏州举目无亲要好。

孰料巧事又一次发生，张家到北京时，北京的亲戚几年前也死了，张父要再回苏州依靠俞樾，张贞竹要面子坚决不肯，于是再回了杭州。

俞樾说："此女颇有朴茂之意，所书字，有大至一丈者。曾书一鹤字见赠，长八尺许，笔力雄伟，似不出女子之手，亦可异也。余欲张其名，因许之刻一小印，曰曲园女弟子。苏杭间得润笔颇丰，未始不因此。"

俞樾没记张贞竹的容貌，作为自己的女弟子，他不想学袁枚的轻薄样子。

俞樾在《春在堂随笔》中谈到袁枚"所到之处，大家闺阃以及风尘中人，各有品评，乃至于慈溪县中，偕牙役至管押处看所押之二妓，则未免太不自重矣。又载刘霞裳妻曹氏脸盘好，眉目秀，惜肌肤非玉雪，手爪欠青葱，只算六七分。以门生之妇，而评骘至此，亦殊太亵。"基于这样的思想，他没有一句说道张贞竹的容貌，只说"朴茂"，则非妖娆非轻薄，而是素净朴实之谓也。

张贞竹还曾出现在清代叶炜的《煮药漫钞》中。这书里记载的张贞竹还在髫龄，已算得一个既能写字又能对对的神童了。

> ……昨有女童张贞竹，八岁能作擘窠大字。或举古之神童以"元着超超"对"小时了了"者，即以"小时了了"命更对。女童书"大才槃槃"四字。或曰："尚能续否？"答曰："于天则晨露瀼瀼，于地则流水汤汤，于人则大言炎炎，惟君所命，无不可以对者。"闻二童父，皆非儒者。沣泉无源，芝草无根，信夫。

面对"小时了了"这个多少带点嘲弄的说法，张贞竹一气说了四个对句：大才槃槃、晨露瀼瀼、流水汤汤、大言炎炎。让人不得不惊异小小女子，竟有如此捷才，也难怪俞樾会喜欢上此女，不但收她做了女弟子，还提供住房让她栖身呢。

郭则沄是曲园老人的曾孙女婿，他所著的《十朝诗乘》二十四卷是一部广泛记录清代诗人情况的诗话作品。书中也有一节谈到张贞竹其人：

> 随园广收女弟子，尝绘《湖楼请业图》，为世訾诋。俞曲园先生主讲紫阳甚久，门下多英俊，独不收闺秀。尝有西泠叶墨君女史，过俞楼不遇，留诗四首，末韵云："斗山望重龙门峻，可许侬家立雪无？"后相遇沪上，复以诗为贽，固却之。又有张贞竹女史，其父业贸迁，家中落。织造某慕贞竹色，延入署，使授女公子音律。既而谋置篷，使人示意张父。父愤然曰："吾虽贫，安能鬻女！"斥去之。后贫甚，展转至吴下。先生怜之，割宅后空屋使居，令贞竹授闺媛琴。贞竹感甚，请师事，先生拒之，而贞竹始终执弟子礼。会钱英甫大令丧偶，大令粤人，为徐花农督学所得士，于先生称再传弟子，因为媒合遣嫁。其《右台仙馆遣嫁张贞竹女士》诗云："洞房酒后集簪缨，一笑来将行辈争。都说曲园女弟子，今朝下嫁小门生。"浙人传为佳话。内子琬君为先生曾孙，其善琴，即贞竹所授。

鉴于郭则沄的妻子来自俞家，这段记载应该来自他的妻子琬君，而他妻子则来自于她的家庭或张贞竹口中，因为张贞竹曾是琬君的古琴老师。

不过，这里的说法与俞樾在《春在堂随笔》中的说法不同。这里说："织造某慕贞竹色，延入署，使授女公子音律。既而谋置篮，使人示意张父。父愤然曰：'吾虽贫，安能鬻女！'斥去之。"织造是皇帝派驻杭州的眼线，是皇帝的钦使。俞樾则说不过是一个县役。这里说是织造要娶做小老婆，俞樾则说是县役为儿子娶媳。两者比较，简直天差地别。

是谁在说谎，还是完全两件事？

我相信俞樾的说法，一个女子不能说谎欺骗老师，这是不道德且在当年几乎不可能发生的事，且就张贞竹当年的身份及其父的作为，如果自己的女儿能为织造的妾，该是生活解困最好机会。怎么可能愤然拒绝呢？因此，这里琬君所知，很可能来源于张贞竹对自己古琴学生的一种自高身价的合理表达。

俞樾没说张贞竹还善古琴，教过自己的小辈，也许他觉得完全应该，也许他觉得说了好像自己也在利用她，不完全是自己施恩了；而郭则沄则没说张贞竹擅书法，只说是曲园老人的弟子。

郭则沄这则记载，有一点极可贵，即交代了张贞竹的归宿：由俞樾介绍了自己的再传弟子、丧偶的钱英甫娶了张贞竹。俞樾还写了《右台仙馆遣嫁张贞竹女士》诗云："洞房酒后集簪缨，一笑来将行辈争。都说曲园女弟子，今朝下嫁小门生。"由诗可以看出，自己的女弟子张贞竹有了好的归宿，俞樾由衷地为她高兴。

《李超琼日记》五题

一、李超琼所记周福清贿案

李超琼，四川合江县人，光绪年间以举人大挑成为知县。李超琼的仕宦生涯与江苏有不解之缘，其一生基本上都在江苏各县做父母官，并有能员之称。所谓能员，不是清官廉吏，而是那种遇事有担当，想得出主意，拿得出办法，深受百姓爱戴的官员。

鲁迅祖父周福清科考行贿案，于光绪十九年（1893 年）七月发生在苏州。这年，李超琼正好是苏州元和县县令，他当天就知晓并参与了这件事，前后经过都相当清楚，不过日记所记，却很简略，谨把这天的日记抄录如下：

二十七日　丁未　晴　白露

犁旦，诣抚辕介祝，投刺而出。以新任府宪王可庄太守于巳刻接印，遂先时往为敬贺。一见后即出阊门登舟，西过枫桥，候送抚军赴金陵监临，午正乃返棹。

浙江主考殷秋樵太常（如璋）、周伯晋编修（锡恩）行抵胥门江干，有浙绅周福清遣人投以一函，附洋票万元于内，求买关节五名。殷公大怒，当将投书之人扣留。适王太尊往拜，遂令交带回讯究。乃福清恃与殷公为同年，径往求见。业已登舟，为其仆从挥斥之，乃退。余等既入谒，殷公备言其情状如此，因慨然浩叹，以为士习之污，官常之败，谓至浙人极矣。而其意若又不忍深究，虑至不可收拾也者。余辈出，再见周编修，则意也略同。亟往谒府宪请示，未得遇也，遂归。梅琴舫、苏静安、李晋溪三大令先后来一谈。

这天是苏州很平常的一天。时届白露，一清早，元和县令李超琼先到巡抚衙门报了个到，然后紧接着就到知府衙门祝贺新任的顶头上司王可庄到任。王可庄要在早晨与前任知府交接，正式成为苏州知府。

王可庄名仁堪（1848—1893）又字忍葊，号公定，闽县人。他出身官宦世家，祖庆云，进士出身，官至四川总督，工部尚书。王仁堪光绪三年状元及第，授殿撰，成为清流健者。在任上，他谏诤慈禧太后兴造颐和园，惹来慈禧恼怒，于是以状元之尊，被贬谪、外放为镇江知府，1893年9月调任苏州知府。

李超琼贺了上司到任之后，又马上赶到阊门，上了船，到枫桥，等着送巡抚赴南京去监临秋试，一直到中午，送别了巡抚才乘船回转。

清朝春闱秋试，这天白露，正是秋试之前。不但江苏巡抚要上南京监临，钦点的浙江正副主考也正往杭州赶去。这年浙江的正副主考是殷如璋和周锡恩，两人的船停在胥门码头，正是胥江之岸，这里是从苏州赶往杭州的必经之路，出胥江到太湖，过太湖，就是浙江境了。这天，有一个仆人打扮的人赶到主考殷如璋的船上，要交学政大人一封信。殷如璋接过去一看，却是万元洋票和五个人的名单，很明显，这是来卖关节的。如果收下万元洋票，只要记住这五个人的名字，把他们中个举人，万元洋票就是自己的了。

李超琼说："殷公大怒，当将投书之人扣留。"这里其实还有内情，原来这封信是送错了人，原是要送给周锡恩的，这个仆人不慎，错送到殷如璋手里了。这样，问题就来了，殷如璋知道周锡恩涉嫌关节，周锡恩则要撇清自己，自己坚持严办。殷如璋自然也恼怒，他与周福清仅仅是同年考中进士，关系并不密切，这次送钱买通关节，事先并没有打招呼，可见钱不是送给他的，却到了他的手里。就这样，本身不和的两人都必须撇清自己，不得不选择一个光明正大的办法，即送交当地官员处理。这时候，王可庄听到浙江主考到苏州，他们是钦使身份，作为地主，自然要到码头拜访。

王可庄正好碰到这样一幕，于是就带了周福清的仆人回去审讯。

这边，周福清原是在家守制的官员，为了捞点好处，亲自到苏州来买通关节，当然因为在苏州可以避人耳目。说起来，为科举考试买通关节，在清朝可是要处斩的大罪，只是到了清朝末年，这类事情变得多了起来，倒也没有人认真，虾有虾路蟹有蟹路，大家各显神通。周福清这次身负别人所托，还把自己的儿子（鲁迅的父亲）也行个方便，一起放了进去，自然还能得到这四家的另外好处。他与周锡恩关系不错，这次原是要买通周锡恩的，孰料忙中出错，使用了一个鲁莽的仆人，张冠李戴，把钱送到了殷如璋的手中，弄出了大事。

殷如璋要王可庄把周福清的仆人带走，实际上这个案子就曝光了。周福清知道弄错，却还心存侥幸，想着转圜，好在自己和殷如璋是同年，于是，硬着头皮到殷如璋船上做做工作。孰料一到胥门码头，登上船，殷如璋坚决不见，即刻就命仆人赶走了周福清。

李超琼得到消息，也去殷如璋船上拜访，据李超琼的观察，殷如璋并不想把事情弄大，“其意若又不忍深究，虑至不可收拾也者”。李超琼又去见周福清，周自然也不想把事情弄大，因为一旦不可收拾，自己的身家性命也可能不保。听了两方面的意见，李超琼也想帮着做做说客（当然很可能受了周福清的请托），于是到知府衙门，不料知府不见。李超琼只得放手不管，回了自己的衙门。

上面说过，王可庄是清流党，为人清正严明，他对于这件案子，决心秉公处理。这位苏州知府王可庄仁堪，就是文物大家王世襄的祖父。

二、李超琼谒见张之洞

光绪二十年（1894）七月（阴历），李超琼任职元和县令，江苏藩司要他与阳湖县令叶怀善对调。藩司掌一省行政，有权临时对调县令，七月初一（均系阴历）李超琼来到阳湖（今武进）上任。一晃差不多一年过去了，次年七月廿二，赵舒翘接任江苏巡抚。赵舒翘后来因为义和拳事件，成为慈禧的替罪羊而被处死，他是翰林出身，却是一位没有官架子的大官，对下属也是率意，不容易赢得下属的敬意，但为人实际上刚愎自用，察察为明，只听得进他相信的人的话。

赵舒翘来苏州后，对李超琼的观感不算很好，为此，李超琼很受伤，总觉得有人在背后中伤他，媒孽他，颇有些不安于位的样子。

光绪二十一年（1895）八月，藩司牌示，要叶怀善和李超琼各还本任，李超琼发了急。因为八月正是青黄不接的时期，秋收未到，眼看马上到手的一笔钱要收不到了。问题是自己在武进县已经亏欠了公款一万三千两多的银子，必须趁秋收催征才能弥补这个窟窿。这本不是贪污，而是官场的常态，先用起来，到时再还进去，清末的县官都是这样做的。如果这时候回到元和县本任，则这边的窟窿就无法弥补，当然急切之中无法交代。他在日记中说："余可勉力回元和，否则惟有解绶听劾而已。"意思是说，如果要我现在离开武进，只有一个结果，就是摘乌纱帽了。他在江苏为官，口碑不错，所以把自己的难处和藩司和盘托出，听凭上司的处置。

这种做法，看似示怯，其实也有点要挟的意味。一个在江苏官场上有点名气能员，藩司也不能随意处置，弄得不好，自己的官箴反而受损，被民众怀疑自己是个贪官，因为没有收到李超琼的好处，故意报复。

李超琼一封信上去，调动的事倒真的没了下文，不是不调，而是必须等他收到了陋规，弥补了空缺才可以调动。但因为事关另一个县官叶怀善，李超琼探听出，赵舒翘对叶怀善言听计从，虽然目前互调的事缓了下来，但箭在弦上，不知道什么时候就可能会发动，叶怀善如果使坏的话，李超琼未必能想出很好的应付办法。

这年张之洞署理两江总督，八月十二，李超琼的官场朋友马小沅写了一封信给他，信中说：南皮张公听人家说李超琼是"江南第一好官"，想把他调往江阴做县令。马小沅的意思是，不妨趁热打铁，到南京拜谒一下南皮。这话不知从何而来，李超琼的反应是"自念不足当此，且方思韬晦，胡为而呈身乎？"

然而到了十月，李超琼却换了想法，要去金陵见张之洞一面。这里边究竟是什么触发的，日记中没有记载，但很明显，他不再觉得有韬晦的必要，而想到了进身，并对此充满了希望。

十月十四日，李超琼和武进的制服打了个招呼，动身到南京见两江总督张之洞了。一路上因为长江枯水，艰苦备尝，这且不说。十八日，终于到了江宁下关，晚上到马小沅家下榻，日记说"夜与小沅畅谈"，看来他不但要证实传言中张之洞对他的赏识，还必须了解些这位上司的喜好和晋谒必须打点的具体情况。

十九日，李超琼早早来到总督府“诣谒督宪南皮张公之洞”，片子送上去，因为时间尚早，就先到巡捕金养素初坐候。等了很久，总算见客了，不料前通政使黄体芳也来见张之洞，黄罢官回家，张之洞却要请他做文正书院的山长。李超琼是末秩小官，人家地位高，当然门房先把黄体芳的片子送进去了（也许人家花的通报钱也多许多）。黄体芳一进去就没个完，看来今天没戏了。

从总督衙门出来，李超琼不免有点感概，黄体芳是解职的前官员，居然轿子前还有骑卒步卒开道，简直太摆谱了。“高人若此，恐古人所罕见矣。”

第二天清早，李超琼又早早到总督衙门等候参见。这一天倒没有什么黄体芳前来，却有前广东巡抚马渔珊的棺材路过南京，张之洞要出门到江边吊祭。看着张之洞的轿子匆忙出去，李超琼还抱有希望，坐等张之洞回来。孰料，等等不来，直到中午，还是不见总督回来，直到未申，自己腹中空空，看来今天又没有希望了，只得再次返回。

第三天李超琼起得晚了点，早晨八点左右，才到总督衙门，等到中午时分，终于有了消息，说总督要接见他了。门房上听见确切信息，就把他迎进了二堂外客厅坐候。

总督张之洞的客人真多，一个个不断，都是既官职高又体面的，在他面前进去出来，就是没有叫到他。这不是买东西，有个先来后到的，总督想先见谁，就是谁。李超琼没有法子，又不能走开，一旦走开，恰好叫到，那就糟了。

李超琼只能饿着肚子坚持。中午过了，求人买点东西吃了再等。直等到傍晚时分，终于轮到自己了。

里面传他进去，李超琼一进去，却又傻了眼。原来里面还有客人，是南京的知府林丽仲（载亨），直刺陆銛，自己官职最小，轮到第三。张之洞当他们三人是来向他汇报地方情况的，所以也不等大家开口，就“垂询及全者，不免求田问舍之类”。三天的等待，盼来的竟是这样的随便问问，李超琼大失所望。

李超琼原是准备和总督大人单独谈谈，谈谈江苏的政情，谈谈自己的设想和看法，不是马小沅说总督大人对自己很有好感么，那么正好加深他的印象，能否保举他升官或摆脱目前官场的困境。如今三个人一起谈谈，自然只是敷衍，甚至总督记不记得他是“江南第一好官”也是个疑问啊。

张之洞端茶送客，李超琼要讲的话一句没讲，就只能唯唯诺诺出了大门，“归寓则夜灯既上矣”。

二十二日巳刻，李超琼上总督衙门禀辞，张之洞不见。

李超琼对张之洞深深失望，此前的敬意也消失殆尽了。在日记中，他忍不住就张之洞到南京后修的马路表示了不满：

> 马路者，今岁春夏南皮节帅所创筑者也。由督署旁直达下关，费公币七万余金，不知何取？刻仅有马车八辆，又皆为西人所包，士夫颇詘之。其注意西法，欲变风气，

亦饶具苦心，然举动恢阔，不惬下情，尤喜浪费，恐非济世才也。

回到阳湖县衙，李超琼越想越气，原来下属对上司的所有期冀都是空虚，这个世界简直……天太黑了，点上灯烛，李超琼给在京中户部当主事的弟子陶欣皆写信，“托其带查捐例，拟捐道员开缺也。”他在日记中感慨道：“仕路险巇，未可久恋。况如刘、叶方得志挤排，媒孽方集于我，尤为可畏。”

李超琼想离开江苏官场这个是非之地，但是，离开江苏，他还能到哪里去呢？这个问题他没有想，即使想也没想得深远，这次见张之洞给他刺激太深，原来自已心目中大清的中流砥柱，已经轰然倒下，“昔闻南皮经猷宏远，而不意其乃一自大之显宦而已”。

李超琼又回忆起廿一日在总督府签押房，有一副门联：

纵横百家，才大如海；安坐一室，意古于天。

张之洞总是在签押房会客，这副对联，大概是南皮的自况吧，这样自大自满的人，能是大清力挽狂澜的中流砥柱？李超琼最后在日记中说：吾不可不谋退步也。

三、李超琼加入苏学会

介绍张一麐，总忘不了提到他在甲午战争之后，在苏州组织苏学会事，但又语焉不详。作为维新运动中风起云涌的维新社团组织，苏学会远不及强学会、报国会等社团著名，只是一个地方性、小范围的同人组织，因此几乎没有人研究及此。对于苏学会的成立时间、成立地点、人员组成、社团宗旨诸方面都很少涉及。

近读《李超琼日记》，时任元和县令的李超琼，居然以父母官之尊，参加了尚是举人的张一麐等成立的苏学会的成立大会，他日记所载，为当年苏学会的成立留下了一段珍贵纪录。

光绪二十三年（1897 年）十月初十（阴历）李超琼日记载：

> 初十日　丙寅　阴　晴
>
> ……拜客之便，至文忠烈祠堂，以苏省人士约为苏学会，是日就祠议事，即肇始也……

据张一麐昆仲在《时务报》上刊登的《苏学会公启》说：

> 他们组织苏学会，是“多购书籍，以增智慧，定期讲习，以证见闻……远师亭林有耻博文之宗旨，近法校邠采西益中之通论”“不开标榜之门，力屏门户之见”。

亭林乃顾炎武，校邠即冯桂芬，因此以上宗旨，多少带点提倡士节和学习西方的维新意味，但他们又很谨慎，尽量不让人多作别的联想。

李超琼参加的就是成立大会。成立地点是文忠烈公祠，即苏州文天祥祠堂也。文忠烈公祠在旧学前。选择这个地点，李超琼没说，不知他意识到没有，其实是有含义的。文天祥是抗元而死的，而当时也正处于“异族”统治，对清朝统治的厌恶已经在一些知识分子的意识中逐步建立，选择在文天祥祠堂建立苏学会，不能言宣却肯定暗含其意。

李超琼日记没有写到具体的过程和议事的内容，未免遗憾。不过，随后的议论也值得一看：“会之一事，国朝二百余年以为大禁。前明如东林、几社、复社诸会，士大夫咸以为口实而交讥之，然士气不振由于士志之不孚，果能联络气类以相切劘，而以保国保种保教为切身之计，则相观而善，裨益正非浅鲜。古人所谓匹夫之贱亦有责焉者，何况表率齐民列胶庠者耶？”

清朝初年曾严禁社团与集会，士人之间除了科举、冶游，一般并无志同道合的议论朝政的结合，故有清一代士气萎靡，远不及明朝振拔。李超琼也明显意识到这一点，所以指出，如果在甲午残败之后能组织社团“以保国保种保教为切身之计”来救济之，对恢复士气大有好处。天下兴亡匹夫有责，这些“列胶庠”可以作民众表率的人更有责任。

“斯举也，同人闻者多非之，余独为之心折，故不谋于同官而独诣焉。”相比同时代的官吏，李超琼明显比较开明，甚至满清末年之弊，必须进行改革，他作为父母官，以自己的参加做了对苏学会最好的帮助和保护。

其创始诸君，则张孝廉一麐、一鹏昆季，固年家子也。邹紫东吏部（嘉来）则甫识面者也。其余二三十人，虽未一一通姓字，固知其皆志士也，相坐与谈少顷而别。

李超琼点明创始人就是张一麐兄弟，都是他“同年”（指张氏昆仲的父亲张是彝和李超琼同是光绪六年庚辰科）的后代。邹嘉来（1853—1921），字孟方，号紫东，自号遗盦。清末民初政治人物。进士翰林，累迁至外务部尚书兼会办大臣，这年邹嘉来尚是吏部主事（按当是礼部主事）。除了这三个人外，最早参加苏学会的还有二三十人。作为元和县的父母官，李超琼是现管，且大概也就他一个“现管”敢于加入初生的“苏学会”，他的开明就表现在这里。

张一麐在其自传性质的笔记《古红梅阁笔记》里则这样说：“其年七月，京师强学会开，余在里中约同志设苏学会。始设于旧学前文丞相祠，元和令李紫璈年丈实左右之。是时，风气初开，长老惊诧，至有‘戾气所钟’之考语。”这里张一麐直认李超琼是他们背后的靠山，确实，几个月后，李超琼又切实地帮了他们一把，张氏昆仲在唐家巷设小学，李超琼做主把“无忌堂”拨给了他们，苏学会随即也迁入其中。

这多少符合事实，虽然李的日记中并没有这么说。

四、五龙祠李超琼求雨

光绪十七年（1891年）夏，苏州久旱无雨，时任元和县令的李超琼，他的主要工作就是为民众求雨，当年神道设教，不讲人定胜天，还是老老实实祈求神灵的帮助。

这年五月，苏州官吏已经把光福的铜观音请到了沧浪亭里，朝夕拈香祝祷，还到城隍庙等处行香祈祷，总算下了大雨，六月初二，把铜观音送回了光福。不过，到了七月，苏州的旱灾依然严重，刚送回光福的铜观音似乎不好再请其“出山”，于是，除了继续在城隍庙祷祝外，在南园的五龙祠的重要性瞬间上升了。

七月初四，正是立秋日。李超琼早早起来，先到城隍庙求雨，随后马不停蹄来到了五龙神祠。行香祷雨一番，不过这一天，天气晴好，并无风情雨意。

初五，天气还是晴热，李超琼“辰起，诣郡、邑城隍暨五龙祠再祷”。饭后，李超琼的思想还在考虑下雨的问题，就写了首《再起伏龙行》的长诗。他在日记中写道：

> 五龙祠中有方池，大旱不竭。相传下有五井，为龙所居。以片铁投之，雷雨立至。陈文恭公宏谋抚吴时祷雨于此，碑记其事，刻石尚存。五月杪曾一试之，亦致灵应。以近日又苦熯旱，拟翌日仍用此法，遂仿东坡《起伏龙行》一首，作此诗。

此诗日记中未录，而此话不妨看作诗前小序和李氏对五龙祠的认识，他此举乃是效仿前辈陈宏谋的做法，欲唤醒池底之“伏龙”，起而为苏州民众行云布雨也。

初六，李超琼“早起，三致祷于三祠”。李氏没有说是哪三祠，大概不外初五所去的郡城隍、邑城隍和五龙祠。这一次他到五龙祠，果然效法前人：“于五龙潭投铁片二寸许，冀龙公之一震而膏泽吴民也。”

为什么要投铁片呢？原来这里有个道理：龙属木，金实克之。“此举亦相拂博怒之意也。”换句话说，就是用金属的铁片要激怒潭底的蛰龙，让龙发怒，于是天就下雨了。为什么不丢个铁块呢？这里边也有奥妙，即不能让金真的克制了龙，只能是逗弄起龙的怒意，一旦铁片或铁块丢多了，那就糟了，因为会反而克制了龙，使龙更不敢动了。过去看《柳毅传书》，那暴怒的龙是用铁链锁住的，但暴怒起来，就会挣脱铁链。原来铁链和龙之间还有这样的关联。

这一天，李超琼在县衙里等待铁片投入之后龙可能的反应。果然到了中午，李超琼看到“浓云如墨，起东北方，忽有白气一道，隐隐于虹，下注于地”。[2] 想当时，他一定欣喜不已，可惜“竟不得雨”，李氏叹道：“岂灵物之故弄狡狯耶？”灵物，即龙也，李氏认为这难道是龙在戏弄于我？他还要耐心等待等待，看看结果。

翌日，李超琼没有去行香祷告，他还在等待结果。

到了第三天，李超琼没有等待的耐心了。这天辰刻（造成七时到九时），他有了大动作，先到沧浪亭设坛祷雨，然而又赴五龙堂祠拈香。然而天还是依然晴热。于是，到酉时（傍晚五时到七时），李超琼再次到沧浪亭、五龙祠祷雨。这是一天之中的第二次了，其解民于倒悬的心是多么急迫啊。

初九，李超琼一早又出发了，哪里去？自然还是五龙祠。

“早起，仍诣祷，复自投片铁于五龙池，虽失之渎，而盼泽益不可待故也。”很明显，他盼雨盼得心中焦躁，所以不怕亵渎了神龙，再次拿铁片和龙逗上一逗。

结果，这天还是没有一点下雨的迹象。看来，铁片没什么用，这五条龙，两块铁片引不起它们的脾气了。

李超琼还要和龙继续周旋下去，不把这五条龙激怒，他可不会罢休。

那么，他还有什么杀手锏没有使出来呢？

初十还是一个大晴天。这天，李超琼包上一样东西上了路。

“早起，诣沧浪亭一祷，遂至五龙池行礼毕。”他从自己的包袱中拿出了自己以前在东北佐杂时收藏的宝贝：一具老虎的头骨。“以虎头骨一具沉之于池，冀可撄龙之怒，兴风下雨也。”

那一天，李超琼把头颈都仰酸了，看着天上的云彩，“午间，日旁火云成五彩，果何祥耶？”“酉刻，再诣祷。”真是锲而不舍，已经下了这样大的代价，不甘心啊。

十一日，李超琼对五条龙不抱期望了，也拿不出更好的东西来和龙逗趣了，没有办法，只能再回到城隍庙里，并决定再往光福请铜观音去。

“早起，忧旱心切，心战战不安，以黄笺为疏，刺臂血书名于上，诣城隍庙焚祷。”希望以自己的一片血诚，上达天听。“酉初，出胥门迎接铜像观音。”这是长洲县令去光福迎来的。“船甫泊岸，骤雨遂来。”

再看苏州街道上的人，“街头欢声，咸以大士灵应为赞叹，皆以香烛致礼焉。”光福铜观音莫非真有神应？此后，苏州的很多干旱之年，铜观音曾一再被请到苏城，直至 1949 年之后，这类迷信没有再现。

李超琼这回对五龙祠失望透顶，也不禁感叹：佛力之彰彰如此哉。

十二那天，李超琼在日记中写道：“早起，诣沧浪亭祷雨。抚部及藩、臬以次皆至，辰正乃散。便至五龙祠行香，出所投虎头骨于潭，巳初返署。”

旱情还未彻底解除，而灵应的铜观音已经再次入驻沧浪亭，因此巡抚以次所有官员都到了沧浪亭来。五龙祠不重要了，李超琼祷告过后，把虎头骨捞了出来，此后数日，李超琼虽然祷雨不断，却没有再去五龙祠，而十五之后，苏城接连下了五天的雨。

光绪十七年夏天的旱灾总算过去了。

五、李超琼与张罗澄

如今四川省宜宾市长宁县铜锣乡龙峰村，在清末出过一个名人张罗澄。

张罗澄，光绪五年举人，是一位活跃于清末各种政治事务，特别是台湾事务上的人物。他是一位策士、诗人。有人曾把他和诸葛亮相提并论，赞他："南阳诸葛旧知名，西蜀张罗更有声。"

张罗澄没做什么官，一生都在故乡之外奔走，他忙的都是大官身边幕僚的事。清末是中华五千年所未有的大变局，不仅社会动荡，而且还与国际社会西方世界冲突不断，靠着八股科举取士的清朝政府和大小官吏，已经无法有效应付各种变化，于是，就给了一些文人学士参政的机会，他们关心政局，为封疆大吏出谋划策，甚至出面折冲樽俎，为自己寻找"非正途"的升迁机会，这些人有幸有不幸，如程德全（四川云阳人，廪贡生），官至巡抚，显赫非常，而刘鹗、张罗澄等辈，却没有这么幸运。

同为四川老乡的李超琼，也是举人出身，还是张罗澄的己卯同年。他在苏州元和县当县令时，张罗澄前来拜访。在李超琼笔下，张罗澄是这样一种面目。

光绪二十二年七月二十一日，李超琼在日记中写道：

> 辰间，长宁张罗孝廉名澄字明远来访，吾蜀己卯同年也。以张罗为姓，复姓也，然亦罕见。留共一饭。其人喜

为大言，纵论天下事，于时局若有深忧者。以为结俄制倭为非计，谓当与倭连和以抗俄，乃可自存，不然恐如南宋借元灭金而终灭于元也；又以今世人才为急，而盱衡海内，于张之洞、李秉衡、陈宝箴、于荫棠、赵尔巽外，无足当其意焉。乃时时为自负语，不免夸诞。复出所上刘岘帅、张香帅及王雪丞观察之书，皆评直之词，显揭其过，更尝付之沪上报馆，使为刊布，盖不独痛诋合肥一人而已。好尽言以翘（？）人过，国武子之所以见僇于齐也，况藉以沽名乎？吾愳（惧）其贾祸不细已。所推许如宋君育仁、萧君德骥，既不免于阿好，而所述与鹿制军、于方伯往还各事，更涉招摇，斯人也，吾其远之而不开罪之乎？

这是现任官员李超琼和张罗澄在苏州的第一次见面。张罗澄，复姓张罗，名澄，字明远。这是一个很奇特的复姓，大概如陆费，属于同一种情况。张罗澄确实是策士的面目，口若悬河，一开口就有惊人之论。他先谈合纵之术，必须联倭制俄，才能自存。然后又盱衡当世人物，目高于顶，正因此自高身价也。他还强调自己与当世人物的往还，即所谓我的朋友胡适之也。不仅如此，张罗澄还写信指责大员，痛诋李鸿章，在李超琼听来，不仅贾祸，且还迹近招摇，他用了一个典故：国武子之所以见僇于齐也。这是说，国武子也是这样在齐国遭到了杀身之祸，他不清楚张罗澄此来何为，但已经有了自己的定盘针：远之，表面敷衍他，尽量不开罪他。

过了三天，张罗澄又来了。这一回，张罗澄的目的清楚了，原来是到老乡处打抽丰的。

……薄暮，张罗明远来谈，便留一饭，以将援例入官，欲假四百金为之助，而不知余之负债最重，尚未能还也。倾诚谢之，似终未相谅云。（七月二十四日日记）

张罗澄是举人，援例入官，是个开得出口的理由，既有乡谊又是同年，李超琼又做着江南大邑元和县令，借四百金也不算多。偏偏张罗澄的一席话，并没有打动李超琼，反而起了反作用。这次张罗澄的游说不行。李超琼确实经济不宽裕，但也并非拿不出这点钱，根本就是不欣赏他，不希望和他发生更多联系，所以拒绝了他。

此日，李超琼感觉张罗澄的不快，又写了一封信解释：

……作书一函致明远，以其不知余负累之重，或终告贷不应为诿卸也。（七月二十五日）

二十六日，李超琼又在日记中谈到张罗澄，我们知道张罗澄第一天拜访他时，还是带了礼品的：

……张明远前以“天生黄”七瓶见馈，午间，悉以返之，既不敢为不达之尝，又恐辜友人之意。以公事甚稀，读书颇快，于魏叔子文字中，颇深识取友之道，然以绳今之士夫，则固有难言者矣。即明远孝廉有母年七十，为倚闾之望，数年不一归省，而会试则临场不入，诚不知所以自处者何在？而于当世一二巨公如李合肥、刘新宁之前，则上书痛诋其失，直揭其私，而于南皮张公，则以师生而为过情之誉，此其臧否之分也。何如尽言以招人过。国武子之所以见僇于齐也。吾为明远危矣，敢轻言结纳乎？况其自言为陈、李两中丞及于方伯、岑廉访所特赏，时有书问往复。余厕身下僚，尤宜避依附名流之迹者也。（七月二十六日）

李超琼对张罗澄，还是持第一天的看法，所以虽然请他吃了两次饭，甚至应该也送了他一点钱和礼物（日记中未载，但按常理绳之其他人的交往可以猜到），但还是坚决返回了张罗澄的礼品，表示绝交。李超琼认为张罗澄于亲不孝，于上不敬，对张之洞又因为师生关系而谄媚（按李超琼对张之洞无好感，参见我写的《李超琼三见张之洞》文），还不忘“我的朋友胡适之”，不符合自己的“取友之道”。

这是李超琼对自己绝交张罗澄的自我慰解，毕竟两人既是同乡又是同年，心里多少有点不安。

汪异三吃河豚

很早就认识河豚，不过是那种还没到排卵期的幼河豚，苏州人叫鲃鱼。

小时候，几毛钱可以买五六条鲃鱼，回到家，养在水里，先给小孩玩。怎么玩呢？一只手把鱼抓起来，另一只手在它锉刀似的白色腹部摩搓几下，即刻，鲃鱼那白色的腹部就像气球一般充了气，鼓成圆球一般。看得出，这锉刀似的腹部皮肤与机体是可以脱离的，人手一摩搓，就像给一个皮球充气一般。这时候，把鲃鱼放进水中，鱼被腹部的气牵累了，仿佛死了一般，腹部朝上，浮于水面。然而，只要人一不注意，这鱼一下子就可以把气全部放掉，重新翻过身来，沉入水底。

原来，充气鼓腹是鲃鱼一种装死免祸的本领，一遇到威胁，它就能浮于水面装死，一旦危险解除，它可以马上放完气，溜之乎也。

鲃鱼背部的皮有翠绿色的花纹，相当于河底长着青苔的石头。这鱼很温和，给小孩玩很安全，玩到厌倦时，正好到烧午饭了，抓起鲃鱼，把皮撕起，掏了内脏，且慢，里面的肝，苏州人叫鲃肺的，要完整拿出来，然后，把肝和鱼的身体，一起煮汤，放些盐，滴些黄酒，洒些蒜叶，很鲜美的鲃鱼鲃肺汤就热腾腾地上桌了。

这样的汤，小时候吃过很多次，鲃鱼无毒，可以放心食用。

后来，太湖里鲃鱼就少了，菜市场看不到，很久很久不吃了。

近年来吃到的，已经是河豚了。它的体量比鲃鱼大上起码一倍，游弋在饭店的鱼缸里。一次到扬州，坐下来吃饭，桌上就是一盘红烧河豚，吃之前，扬州朋友先介绍说这是养殖的河豚，放心吃，没毒。我更喜欢吃煮汤的鲃鱼，而不是眼前红烧的河豚。只是肥腴，要说鲜美，我觉得红烧是不行的。

红烧这种烹饪，总是那么浓郁和肥腴。

有一句俗语叫拼死吃河豚，想必不是眼前这种红烧河豚吧。

据说，野生有毒的河豚与养殖的没有经过海水刺激过卵巢的无毒河豚差距是很大的。也许因为不必拼死，不冒险的事，刺激也差很多。

吃过红烧河豚之后，我并没有大快朵颐的感受，倒是更思念其小时候那鲃鱼汤的味道来。

木渎石家饭店以鲃肺汤而闻名远近，我吃过很多次，都没好感，不知道干右仟当年吃的滋味与如今有何区别，我怀疑如今吃到的都是河豚的肝了，而不是那个时候的鲃鱼的肝了，因为现在那小小的鲃鱼也碰不到了。

清初，苏州汪撰异三（一字澹洋）吃河豚牺牲了性命，享年只有四十岁。

汪异三是杨大瓢的好朋友，杨大瓢目睹汪家的变迁。他说：

> 余始过澹洋居，在“鱼普”门内，壮丽宏敞，厅事客百人，陈文庄公宅也。价值数千金。再迁百花巷，其居精致巧密，值三千余金。再迁通和坊，其居外廓而内促，值千余金。而澹洋已困。今其子乃无立锥地。

杨大瓢目睹汪异三三迁，身故之后，他的儿子竟已经贫无立锥之地了。这一切究竟是怎么造成的呢？

杨大瓢认为是他过于贪图口腹之欲的后果。

杨大瓢说，他看到汪异三食不下咽时，曾几次三番写信规劝过他，结果仍然因为放纵自己的食欲而丧失生命，他感到相当悲哀。

杨大瓢认识汪异三时，汪家已经稍稍中落。汪异三特别享受美食，他有一个相当善于烹饪的厨娘，为他的美食之旅，提供了可能。

汪异三最喜欢吃鼋和河豚，买到大鼋或者河豚，总是请朋友一起分享。他又喜欢游览山水，和朋友们载着美食，放浪于太湖和城西诸山。不几年，就把家产荡尽。于是，只能从大少爷的身份，出门去谋取衣食之资。到北京，没有遇合，只得应了按察使张霖的聘来到安徽，做主稿的师爷。虽然宾主相得，但日子一久，汪异三这张自幼享受惯的嘴巴，会“淡出鸟来”。于是一年之后，他辞了张霖，转而到江西驿盐道韩象起那里做了参议。

在汪异三看来，江西多湖泊大河，一定有很多河豚和大鼋可吃。果然，他一到江西，和朋友说起，朋友马上说，这里特多大鼋和河豚。汪异三大喜过望，马上叫人去买。

第二天，人们送来了一头大鼋，杀好后，挂在厨房里，却出现了异样的事情。杨大瓢记载说：“有婢过之，见鼋肉自垂及地，蠕蠕动。骇而奔告象起小妻。”因此吓得大家不敢烹食。汪异三虽然惊异，但饕餮之念并未稍杀，既然大鼋呈现异象，不敢食用，河豚应该不会。于是改吃河豚。

河豚端上桌，韩象起和汪异三主宾两人不顾一切地享用起来，结果可想而知：

> 夜毒发，象起饮粪汁苏，而撰竟死。

汪异三为了满足自己的口腹之欲，不但破家，竟以身死。杨大瓢的意思是大鼋已经示警，在我看，大概还是盐道的厨司疏忽的缘故吧。

汪异三以身殉了他所爱的河豚，作为一个美食家，或许很难说不是一种幸福。

文乘之死

文乘，苏州长洲人，诸生，他是文震孟次子，字应符，他还有一个哥哥，叫文秉，字葆光。父亲文震孟曾官东阁大学士，相当于首辅，即以前的宰相。这样的家庭，绝对可以说是官宦家庭出身的高官子弟了，然而他们很不巧，才在青年时期，就遭遇了外族入侵，改朝换代了。高官子弟面临乱世不可阻挡而至，心理往往有个惯性。

1646 年，文乘 28 岁了。这一年也是顺治三年，洪承畴官秘书院大学士，称内院，与多铎大举南下，敉平江南。

在江南，因剃发改服，迭有反抗，虽然有嘉定、扬州之屠，对于人心震慑如地震般惊悚而不息，但人类的惯性决定着一些人的行动，必然会大起波澜。这年的四五月间，吴日生拉了一批人反清，听闻长洲阁学文震孟次子文乘，精熟韬略，善于行兵布阵，决定拉他入伙，共商反清大计。

吴日生叫来了信使，带了自己的亲笔信和钱财来到长洲，孰料信使事机不密，路上泄露给了旁人，这人生怕自己受到牵连，等信使起身，随即就向巡抚土国宝出首举报了。

土国宝对此比较慎重，人们凭着乱世，以子虚乌有来以求幸进，这样的事很多；如果是真，这就事关重大了，不能掉以轻心。文家是苏州的世家大族，盘根错节，亲族众多，与敌通谋，是杀身灭族的重罪，必须有确凿的证据，一旦轻举妄动，会影响到苏州大局的稳定。

于是，他决定先封锁消息，把信使和出首人暂时关押起来，改派一个自己的心腹，装扮成吴日生的信使，到文乘面前试探试探，再作打算。

文乘不意会得到吴日生的聘书，他是又惊又喜，惊的是，一旦与吴日生有牵连，这可是冒着杀头灭族的危险；喜的是，自己的名声居然为吴日生所知，派人厚币卑辞来请，不免也有点得意。

再细细一看，书是真的，问问来人，回答得头头是道，他听不出什么破绽。一则，来者早作准备，一则，文乘并不知道吴日生当时的详情，也无从作出判断。不过，文秉还是慎重为上。

他和自己的妻子周顺昌之女讨论一番，觉得直接答应来人，太为冒险，吴日生起事，固然大快遗民之心，但其能否成事，目前把握极小，不如等等，看看情势发展。冒失行事，在这么个乱世里，等于是送死。

商量来商量去，决定先举荐一个人去看看再行定夺。他举荐的是一个管姓朋友，随即回了信，发了点亡国奴式的牢骚，以表对吴日生起事的同情和支持，人家看得起自己，自己自然也要应和一番，方不负人家的一番好意。

世家子弟有他潇洒的一面，这潇洒没有经历时代的锻炼，于是，就变成人生的漏洞，暴露给四周虎视眈眈的敌人面前了。

土国宝接到文乘的信，证据在握，正是通谋敌人，意图反清，第二天悄悄布置，派出人员前去捉拿文乘归案。

一群人扑向文宅，气势汹汹，拿的可是反贼要犯。

这天，文乘正好不在家。他倒不是躲起来了，他毫无预感，根本没把这两天发生的当回事，出去应酬了，土国宝却挖了个陷阱，文乘正失足掉落。结果，自己的哥哥文秉被抓，自己的家也被兵丁乘机抢劫一空。

不久，文乘在外面被抓个正着，才知道自己钻了人家布置的一个圈套。目前面临的不仅是杀身之祸，还有可能会有的家破族灭的危险。

这时被执的文乘冷静下来，事已至此，世家子弟内心的骄傲，使他产生前所未有的勇气，这勇气也使得土国宝另眼相看，决定不加刑具，只在大厅里严加看管。

6 月 19 日，在巡抚衙门，土国宝偕同各级官员会审文乘，罪名就是通谋敌人，证据确凿。土国宝手中捏着文乘的回信，等于是捏住了文乘的颈项，掐住了他的咽喉。

文乘会让自己死得好看些，这是必需的骄傲，即使用刑，即使面临杀身之祸，都不允许他有半点求饶的哀怜，这不是文家子孙的做派。文乘题诗曰："三百年前旧姓文，一心报国许谁闻。忠魂今夜归何处，明月滩头吊白云。"他想起了自己祖宗的骄傲，是南宋的文天祥啊，三百年前文天祥一心报国，自己流着的就是忠荩之臣的血液。又据《吴城日记》说：以回书通谋有据，且出语不逊，遂枭斩于郡庙场上。出语不逊，正是文乘临难不屈的见证，确是忠魂。郡庙大概就是如今景德路的城隍庙前。

土国宝下令把文乘的家产全部没收，把文秉的儿子和文乘举荐的管某各责打60大板，文秉的儿子因此杖毙堂上，管某侥幸逃得半条性命。

文乘的尸身由文乘的妻子周氏和伯伯文秉一起收殓到附近的宝林寺里，文乘的头挂在城门示众，他们就花钱央了翰林韩四维出面，又花了一百两银子买得土国宝的允许，把文乘的头和尸身缝合起来，总算在九泉之下有个全尸。

这一年，文乘的妻子周氏虚岁27，装殓了丈夫，她上吊自杀。《吴城日记》说周氏被救获苏，《苏州府志》则说自缢以殉。这是传闻异词，不过周氏即使被救，我认为也活不很久，她是风中之烛，就会熄灭的。她太不幸了，不但幼年即死了父亲，青年时又死了丈夫，这人生还有什么可希冀的?

下辑｜烟云录

徐枋与汤斌

徐枋徐俟斋是胜朝遗民，汤斌汤潜庵是清朝的封疆大吏。这两个人在康熙中叶（康熙二十三年到二十五年）正好都在苏州，汤斌是江苏巡抚，徐枋是隐居天平山麓上沙涧上的遗民。

顾公燮是乾隆年间的吴郡诸生，他所著的《丹午笔记》（江苏古籍版）记载了很多当年的逸闻，其中写到徐枋和汤斌的有：

> 第223条：阐忠录
>
> 徐文靖公汧，字九一，号勿斋……子二，长枋，字昭法，次柯，字贯时。昭法领乡荐，鼎革后，屏居上沙涧上，安贫乐道，以笔墨山水自娱，终身不入城市，自号豢余山人，又号俟斋，著《历代鉴断》。康熙乙丑，大中丞汤文正公三至其门，不见。俟斋遭母丧，汤公亲吊，又弗见，遂回车。俟斋跪于中道半山，叩首曰："孝子徐某叩谢大人。"汤公叹息良久，如闲云野鹤，可望不可即。

上文中，徐枋隐居乡间，汤斌三访，他都是一个态度：不见，表现了他性格的高洁和对新朝的不合作精神。后来母丧，汤斌来吊唁，作为孝子的徐枋，既要保持自己遗民高洁的品行，不与新朝的权贵交接，又要作为孝子对前来吊唁的人表示感谢，他最终作出了这样的选择：躲在山间树丛里叩谢，既感谢汤斌，又保持了身份，真是用心良苦。

就上面的记载来看，徐枋与汤斌并没有觌面相逢，或宾主相见，两人只是闻其名闻其声而已。

《丹午笔记》第 233 条：汤文正治吴，则是这样说：

> 汤文正公文章理学，彪炳一时。康熙二十二年抚吴，凡高士如徐俟斋、韩寄庵、周子佩辈，皆扁舟造访，但求一见为幸……

这里是说汤斌敬慕高士的品行高洁，凡是吴门隐逸贤人高士，都乘了船一一前往拜访。文章没有明说见面没有，只说汤斌前去拜访这些高士。

依我看，作为高官，访求隐逸高士，为朝廷举贤荐能，原是他为官的职责，也能提升他礼贤下士的声誉，所以三造其庐也是可能的。作为高士原只求活命，对高官并无所求，所以不太可能主动献媚新朝高官。但是高官掌握着生杀予夺之权，如果他三造其庐，作为子民，如果不是恰好不在，不见未免拂逆了高官，大概不敢拒绝一见的。

然而，《丹午笔记》的记载是不见，遗民固然高洁了，但我总怀疑这里面有故意拔高的成分。以一个巡抚之尊，掌生杀之权，明代遗民，即使有父兄血仇，毕竟人家是屈尊前来，清朝已经没有化外之地，首阳已经没有无主薇蕨，哪敢不应酬交往一下呢？

这个疑问，不久就得到了答案。

陈去病《五石脂》有一条说：

> 飏生先生为吾友屋庐之父，生平素有奇癖，尝谓古人书自有光气，不可以迹象求，故眼界独殊。其所搜藏有明一代气节之士文翰书简，至多特巨。惜晚年绛云一炬，精华煨焉。今所存者，盖其劫余灰耳。然以予所见，如汤孔伯致徐俟斋诸书，颇征二人绝不往来之谬。

原来吴江陈去病在他的朋友处见到过汤斌（号孔伯）与徐俟斋两人之间的书函往来，并据这些信札说，两人绝不往来之说是靠不住的。

可见，两人之间确实有通信往来了，那么这些书信中究竟说些什么呢？幸好陈去病抄录了下来，是汤斌致徐枋的两封尺牍。这里我也照录如下：

> 刻偶有贾者，持黄石斋先生书赠诸合甫诗册页一部质弟，字法颇遒健，忠义之气，溢于字里行间。弟不能鉴古，

而此册则知为真迹，特持奉清览，乞题数字于后，更足为黄公增重也。俟斋先生高士，弟汤斌顿首。（其一）

前读大作《孤儿行》，深见忠厚惓惓之意。谨和制一章，言词芜劣，不可云诗，弄斧班门，殊用自恧。只以末后数句，续作者未竟之心，恕而存之耳。俟斋先生有道，弟汤斌顿首。（其二）

其一是汤斌得到了黄石斋的诗词册页，请徐枋题跋的。其二是汤斌自动和徐枋的《孤儿行》诗的。看得出两人关系不错，如果受了徐枋冷遇，汤斌不至于这样完全像朋友一样的写信。

陈去病就此评论说："盖为朝廷来，可逾垣辟之。若为个人通殷勤，固无所用其麾却也。"他把交往的本质分为公私两种，恰恰也是为徐枋见不见汤斌而发的。

陈去病又在冷善草堂看到汤斌写给徐枋的另一封信，这封信原由徐山民收藏，后辗转到了吴江蔡氏家里。此函原件在冷善草堂火灾时焚毁，但因为曾载孙晋灏《曼陀罗盦随笔》，所以陈去病得以转抄入《五石脂》。

陈去病认为这是汤斌致徐枋的最初一书：

先生清名满东南，弟斌幸获拜见颜色，窃自以为不见绝于巢许，此宿世有缘也。连日捧读大制，觉道气流行，溢于文字之外。《孤儿行》诗一篇，弥见忠厚悱恻之意，令人读之，百回不厌，所诣至是，敢不敬佩！兹赍到拙撰散体二首，恤葬一则，深悯吴氏，用意良苦。望即批示来复，感望之至，肃泐不宣。

该信第一句，正好说明两人刚见过一面，且汤斌认为这是自己和徐枋宿世有缘也。呵呵，莫非汤斌第四次拜访，徐枋就不再回避，握手言欢了。

说实在的，作为隐逸高士，有一个高官做朋友，也是隐居生活中的一大亮色，可以作为保护人的，徐枋不会不懂这个道理，且汤斌也确实是风雅中人，对徐枋尊敬有加，还惺惺相惜，徐枋有什么理由拒绝见他呢？

如果没有这几封信的留存，徐枋和汤斌之间的关系，大概就是那三次不见的佳话了，我想。

从《林则徐日记》看清朝中期的通信方式

最近读《林则徐日记》。林则徐主要活动在清代嘉庆、道光二朝，他是个喜欢写信的人，日记中通信频繁，寄信方式也五花八门，引起了我的注意，仔细搜集，大致可以归纳为以下这么几种，下面每一种各举一例：

（一）友人托带

写家书一封，托盐馆林道和年伯寄省。《壬申日记》嘉庆十七年十一月初五（1812 年）

林道和是福建人，次日的日记即有“拜林道和年伯，托寄家信，据云，次日即有回省差船”。原来这封信是由回福建的差船，即公务用船捎带的。

郑北敦回省，托其寄家书一封。《壬申日记》嘉庆十七年十一月二十日这是乡人回家，托带或托其代寄。林则徐一些来往信件，由熟识官员赴任托带。

（二）由折差带

下午折差陈大魁自京回闽到此，将家书交其带往。《癸酉日记》嘉庆十八年二月初七（1813年）

折差是督、抚或织造署等有专折奏事权的官员为了向皇帝汇报情况，而派出的专门向京城递送的差役，这些人办完事后回程，路过各地，会为在当地的家乡人带信，一方面似乎也是赚个外快。林则徐发信和收信，很多是由折差完成的，日记中记载甚多。

（三）遣家人送

辰刻过德州浮桥，未刻至百草洼，遣于升赴景州为陈抑隅送家书。《癸酉日记》嘉庆十八年四月二十二日

林则徐到德州，景州距离德州不远，但不在自已的途程，于是就派家人于升送去。第二天，陈抑隅收到家书后，还和于升一同到德州见了林则徐一面，可见两地相距不远。于升可得陈的赏钱。

（四）提塘

遣人向提塘取信，得接家书六封，张兰渚中丞书一封。《癸酉日记》嘉庆十八年五月初五

据《清会典》卷五十一："凡置邮，曰驿、曰站、曰塘、曰台、曰所、曰铺。"这里的塘即林则徐日记中的提塘，是清朝政府设置的邮驿制度的一环。

提塘的信很多是折差完成的。《癸酉日记》十月十八日云：

上午往提塘回看折差。作家书一封，致沈荫士、杨雪蕉、何玉田、陈志松、郭世叔及陈晋亨书。

折差一般只是把信带到该地提塘，另由人通知本人，派人来取，也有另遣人送达者。因为折差必须继续赶路，公务要紧。但情况又有不同，譬如折差是熟人，如陈大魁，完成公务后去送或会到林府去取。

（五）由承差送

是日闽省有承差来，接五月二十三日所寄家书一封，沈荫士、杨雪椒书各一封。《癸酉日记》七月初六

承差就是专门送信、物的差役，由官员或主人派出，回程带收同省人士寄望家乡的信件，也有额外收入。承差，有时简

称差。

（六）由贡差带送

上午将军贡差来，接十月二十五日家信一封，刘敬余一信。《癸酉日记》十二月二十五日

贡差是当地官员向皇帝进贡地方物品所派出的差役，每年有定时，林则徐日记提到有红柑贡差。他们也为在外的官员传递通信。这个贡差是在福建出发时，就取了林则徐的家信，到京城送达府上。大概也为这趟差事的额外收入。

（七）邮递

即于是夜作第三号回书一封，嘱仁和县邮递致闽，由瑞署守处转送。《壬午日记》道光二年闰三月初一（1822 年）

这个邮递具体不明。这一年，林则徐任浙江兵备道，正在路上，仁和县令是下级，托他寄信，至于怎么寄？文中意思似乎是寄往福建瑞署守，再转送其家。

（八）官封递去

余乃开舟过淮关，未刻到清江浦，住文轩署中。夜作闽、浙家书各一纸，发浙信十余封，俱由官封递去。《壬午

日记》闰三月十七日

随着职位上升，林则徐大概可以使用官邮免费通信了，所以这里官封，等同公文递送，上面邮递，也发生在这个月，应该也是相同情况。

（九）差局带去

发浙江省城信件，由益泰差局带去。《壬午日记》四月二十九日

益泰差局应该是较早的民间邮政局，或许还负有邮递物品的功能，相当于如今的快递公司吧。

（十）银局带信

发京信一缄，由银局带去。《壬午日记》五月初八

银局即银号、钱庄，他们有银子要由镖局运输，所以顺便为官员带信。

（十一）捷足快信

下午清江浦有捷足来，接本月十一日信。《壬午日记》八月十八日

七天就到，可见捷足了。林则徐时在浙江，家属在清江浦。

以上可知，当年通信还算便捷，林则徐写信，不管给朋友带，还是用其他办法，一般当日都可以用各种方式“投递”出去。只是路上的时间比较长，过去人使用马匹或船只，速度上不及现在，但过去传递的方式则明显多过现在，且不会接受检查，享受通信的自由。不过也有例外，林则徐日记记载他一次赴任，别人拖带的信件全部被偷儿窃去。另外，日记中也提到特别漫长的一次：

> 下午闽中折差由京回闽过杭，接六月杪京信二封，内有闰三月初六日第三号家信，由闽寄京，兹复由京带浙，计往返百有五十日，尚不浮沉为幸也。《壬午日记》七月二十九

这封信路上跑了一百五十天，从三月到七月底才收到，可算得长了。不过，这是特殊情况，因为林则徐离京赴任了，但也因此见得这位折差的责任心是如何的强了。

《纯常子枝语》的稿本

《纯常子枝语》为文廷式的遗著，1943年在南京刻板行世。

文廷式字道希，号芸阁，江西萍乡人。1856年生。以父星瑞官高廉兵备道，侨居广州。1882年中式顺天乡试举人，1890年成进士，殿试一甲第二名及第，授职编修，擢侍读学士。1904年在家乡去世。

《纯常子枝语》书前有汪精卫序，谈及底稿的来源及刻印的缘起：

> 去岁五月，龙君榆生为余言，文芸阁遗著《纯常子枝语》及他稿，皆在徐君行可处。徐君现寓汉口，频年丧乱迁徙，幸能保存。然若能录副付印，公之艺林，尤为盛事。余因以此意告之张君范卿，以商徐君。竟得原稿，携至南京。陈君人鹤谋锓之版，李君霈秋躬任校勘，极审慎，阅岁余，始竟事。李君为余言：文氏稿本，都四十册，封面册数，皆其手署，实为最后足本。《昭萍志略》云三十二卷，

非其全也。间有为人传抄，或二十余册，或九册，非初稿即零帙，均不如此本之完备。惟稿似未经写定，其中各条，颇多复见。有议为之整理、然后付印者。然所谓整理，纵极慎重，终不免以意为之，其有当于著者之意否，未可知也。故决一仍原稿，不加更易，俾读者各以意得之。仅于显知为讹夺字，且有书可检对者，始为校正之而已。此为校印始末。爰识数语，庆芸阁遗著之得公于世，并以谢榆生、范卿、行可、人鹤、霈秋诸君之劳焉。

中华民国三十二年五月。汪兆铭谨识。

序中说，这书的稿本来自汉口徐行可处，由汪精卫请张范卿去和徐行可协商，于是原稿来到南京，由陈群（人鹤）刻板印行。序中还提到稿本的情况："文氏稿本，都四十册，封面册数，皆其手署，实为最后足本。"

这个稿本何以到1942年才出现，是怎么才流落到徐恕（行可）的手里？现在很难知道了，我读《郑孝胥日记》，知道《纯常子枝语》的稿本，早在1916年初，就已经到了商务印书馆，而当时共有四十一册。

据《郑孝胥日记》1915年12月18日有：

马寿鸿来，持文公达书商文芸阁遗稿事。

次日，日记又记道：

马寿鸿言，芸阁有杂纂抄本三百册押于湖南易氏，价三百元。公达已备百五十元，欲乞芸阁旧友筹足三百，先赎此稿，再议校刊。余以语刘聚卿；聚卿言：尝与芸阁同船，谈及此事，次年芸阁遂殁矣。今徐积余乃芸阁门生，感旧颇挚，可与商之。积余日内赴通州，十四当归。

据这里记载，文芸阁的著作共有三百册之多，他去世后，都质押于湖南易氏处。所谓质押，乃是当铺性质，不过是临时易钱，在一定的期限内，还可以赎回。文公达（笔者按：文廷式后代或族人？）知道了这个消息，自己出钱一百五十元，再请文芸阁的旧友筹一百五十元，准备在期限之前赎回遗著，再考虑刊行。

郑孝胥说是“抄本”，恐误，当系稿本，如仅仅是抄本，则另有原稿，既不能质押，也不必赎回了。这些稿本是文芸阁生前就质押的，所以 1903 年，刘聚卿在船上和文氏相遇，就谈起此事了。徐积余，即徐乃昌，是文廷式的门生，郑孝胥想请他为自己老师出点钱。

1916 年 1 月 2 日《郑孝胥日记》又谈到这份原稿：作马剑秋书，为文芸阁遗稿转押商务印书馆事。这句记载，说明郑孝胥已经和商务印书馆联系，由商务印书馆出面把文氏的遗著都收下来，从湖南易氏处转到商务印书馆来。这样就无须文芸阁旧友出钱了，也不必联系徐乃昌，文公达的一百五十元也不必了，并且，转到商务印书馆的好处是，出版有望。这里马剑秋，即是上面提到的马寿鸿。郑孝胥写信把商务印书馆的意思告知马剑秋。

次日，就接到马剑秋的回信。《郑孝胥日记》1月3日载：“至印书馆，以马剑秋函交拔可。”拔可是李宣龚。

文芸阁的三百册遗著原稿，就这样从湖南易氏手里，转到了商务印书馆，其3月21日日记道：菊生交来湘馆所押文芸阁杂著名《纯常子枝语》者，凡十本，皆札记体，其书未成，云共有四十一本，欲售四百元，今押于湘馆二百六十元。

事情是这样，商务印书馆决定转押这些原稿，由长沙的商务印书馆湖南分馆就近出手，用二百六十元，从易氏手里获得了这些原稿。湘馆先把一部分原稿送到上海商务印书馆，张元济（菊生）读后发现，《纯常子枝语》“皆札记体，其书未成”，而就是这样未完成的四十一册《纯常子枝语》，文氏后代要售四百元。张元济随后把其中十册《纯常子枝语》交给郑孝胥。

4月1日，郑孝胥又记道：“阅文芸阁所著《纯常子枝语》十本，其书未成。”

细读这里简单的记载，张元济把十本《纯常子枝语》交给郑孝胥，似乎有一点责备的意思在内。因此日记中两次强调了“其书未成”，这大概也就是商务印书馆最终没有排印出版的原因。商务印书馆很可能因此而没有收下文芸阁所有稿本，这些稿本最后辗转被徐行可收下，其中《纯常子枝语》在陈群手里出版了，这已经是1943年了。

邓邦述与“三李堂”

说起来，人都是喜欢显摆的。自己有些什么东西，总忍不住要公之于众，让大家分享自己的快乐，其实，大家未必能分享这种快乐，或许反而增添羡慕嫉妒恨也说不定。

就拿藏书家来说吧，湖州陆心源皕宋楼，杭州丁氏八千卷楼，吴县黄丕烈百宋一廛，陈揆因得明嘉靖、万历间刻本唐刘赓《稽瑞》一书，而名“稽瑞楼”。刘世珩因得宋刻王应麟《玉海》一书，而名“玉海堂”。蒋汝藻得宋刻周密《草窗韵语》而名“密韵楼”。杨以增以藏宋刻《毛诗 》《周礼》《仪礼》《礼记》及《史记》《汉书》《后汉书》《三国志》，而名“四经四史之斋”。袁克文以藏宋刻《周易》《尚书》《毛诗》《礼记》《周礼》《孝经》《到论语》《孟子》，而名“八经室”。他们都很得意地把自己的好东西放在台面上，结果自然都过眼云烟，换了主人。当然，天底下没有不散的筵席，有聚有散也很正常，但由于他们的显摆，也因此换来后人的叹息，反而给人留下很不幸的感觉。

我这里要说的邓邦述，也是相同的例子。

作为藏书家，邓邦述的好书也用这种方式来显摆过。光绪三十二年，邓邦述在上海获得黄丕烈收藏的宋本《李群玉集》（李群玉）、《碧云集》（李中）两部唐人集子，上面有文征明、徐乾学、金俊明、季振宜、黄丕烈等人的藏书印记，遂名其书楼为“群碧楼”“双沤居”和“披玉云斋”。后来又得到宋刻《披沙集》（李推官），因三书作者均李姓而得意地命名为“三李庵”。邓邦述卖掉“三李”之后，本来可以说藏书生涯大受打击，却还是不能猛省，又得到孟郊、贾岛两集的明刻本，取“郊寒岛瘦”之意，又为自己的书房取名“寒瘦山房”。文人积习，易循故道而不能更易，因此，我每过邓氏颓败之故居，每心中回想起“三李”之易手。

1927 年岁暮，邓邦述的日子又过不下去了。

邓邦述不懂量入为出，平常散漫使钱，大手大脚惯了，特别是对自己的心爱之物，他总是一掷千金而不吝，结果到过年，周转不灵，各处上门收账，邓邦述无从应付，总是先想到门人、朋友，靠借贷渡过难关。然而，1927 年岁暮，他的窟窿大了，要二万多才能弥补这个亏空。邓邦述书空咄咄，在三李堂里团团打转，猛想到箧中有石涛大幅山水四帧，系故宫旧物，只得忍痛割爱，拿出来卖了再说。

他喊来古董商，把石涛给他估价。古董商考虑到这是万元以上的交易，万一看错了，后悔莫及，对邓邦述说：得让我先给顾鹤逸鉴定鉴定，再作定夺。邓邦述没办法，急着出手，只能答应。

据蟫史《书林逸话》云："顾见此画，啧啧大叹赏，终忽改口曰：精诚精矣，然转恨其为太精耳！"

顾鹤逸这一转语，让古董商心惊不已。什么叫太精？还是"恨其太精"，这话说得大有回味余地，古董商可不敢冒此风险，拿着石涛就以钱不能凑手，回复了邓氏。

这下子邓邦述要跳脚了，眼看已经送灶了，不日就是除夕将临，手头没钱的话，这个年该怎么过呢？大户人家的架子是不能倒的，怎么办？邓邦述最终想到了"三李"，非此不足以弥补亏空，度过这个岁末年关啊。

这三部宋本，可是无价之宝，更是邓邦述挚爱之物，从他把自己的藏书楼命为"三李堂"就可见端倪，但最好的东西，也敌不过人要生活，要体面地过日子啊。他想来想去，目前这个状况下，要在年前拿到钱，大概只有售给国家才行。

他随即锁定了中央研究院和蔡孑民院长。他马上修书一封，愿以此三书，易三万金为度岁资。蔡元培得到邓邦述这份救急信，一方面要为老友解难，一方面，这三书实在是罕见的宝物，送上门来，岂能放弃？

蔡元培未免有点乘人之危，当然他不是为自己，他是为学术，为国家。他"汇寄二万五千金与老人，另附捐助研究院基金二万五千金收据一纸，合五万元，为研究院收。"就这样，邓邦述从此摘下了"三李堂"的牌子，用"三李"换来的钱，好好地过了一个年。

曾国藩家书论方苞

桐城三祖之一的方苞方望溪（1668—1749），是桐城派散文的创始人，康雍乾时人。

一百多年后的咸丰十一年（1861 年），曾国藩在致九弟曾国荃的信中，对方苞其人，谈了他的看法。

曾国藩的信是针对九弟曾国荃推崇方苞，意欲请朝廷表彰并从祀文庙而言的。曾国藩在复信中谈了四点看法，他的说法是对方苞“不甚惬者”，公事有三点，私志有一点。

首先，要请朝廷批准方苞从祀文庙，必须在公牍中开具方苞的详尽履历，而方苞的履历中，有两处绕不过去。

曾国藩写道：

> 公牍中须有一事实册，将生平履历，某年中举中进士，某年升官降官，某年得罪，某年昭雪及生平所著书名与列祖褒赞其学问品行之语，一一胪列，不作影响约略之词，乃合定例。

对于方苞来说，如要详细胪列，有跳不过去的两个难关，即他的两次获罪。这两次获罪，居然还是罪不可恕的“逆案”。所谓逆案，就是叛逆大罪。这两大逆案，方苞虽然不是主犯，但罹罪也不轻，一次是因为给戴名世的《南山集》作序，被处绞刑，最终获得赦免；一次是因为族人方孝标的《滇黔纪闻》案，牵连到所有方氏族人全部编入八旗（后因为赦免方苞，阖族得以脱离旗籍）。一个人两入逆案，已经少见，且还能死里逃生，得享大名，大概也只有方苞了。

曾国藩在翰林院、吏部、刑部为官，熟习前朝掌故，知道方氏获罪经过，而曾国荃却未必清楚这一点。因此曾国藩在信中介绍说：

> 望溪两次获罪，一为戴名世《南山集》序，入刑部狱。一为其族人挂名逆案，将方氏通族编入旗籍，雍正间始准赦宥免隶旗籍，望溪文中所云“因臣而宥及合族”者也。

曾国藩还写道：“今欲请从祀孔庙，须将两案历奉谕旨一一查出，尤须将国史本传查出，恐有严旨碍眼者易干驳诘。”

这是一个现实的问题，弄得不巧，不但方苞不能从祀，即倡议者也可能被看做是别有用心而获罪。曾国藩很清楚这一点。与其这样，还不如不要多事。

方苞因《南山集》案获罪，曾作有《狱中杂记》一文，收入中学课本，为大家熟知。而涉入方案，乃是因为姓了这个倒霉的方字，和方孝标同隶一族的缘故，属于无妄之灾。

换句话说，方苞在清朝属于一个问题人物，这样的人物，不管他个人的成就如何高，从统治者角度看，允不允许他从祀孔庙，享受冷猪肉吃，这是首先要考虑的问题。

关于从祀孔庙，还有其他问题。曾国藩告诉九弟，去年大学士九卿等曾讨论过外间提请的宋朝陆秀夫从祀案，最终被驳，并“声明以后外间不得率请从祀”。也就是说，从去年陆秀夫从祀案起，外间奏请某某从祀的提案，已经关门落闩，不得开口了。那么，今年要提方苞从祀，岂不多事？

这些是方苞显见的软肋和现实的困难，曾国藩对方苞其人，还自有看法：

> 望溪经学，勇于自信；而国朝巨儒，多不甚推服。《四库书目》中，于望溪每多贬词，《皇清经解》中并未收其一册一句；姬传先生最推崇方氏，亦不称其经说。其古文号称一代正宗，国藩少年好之，近十余年亦别有宗尚矣。国藩于本朝大儒，学问则宗顾亭林、王怀祖两先生，经济则宗陈文恭公，若奏请从祀，须自三公始。李厚庵与望溪，不得不置之后图。

这一段分两层，第一层是说方苞的经学，第二层说方苞的文章。首先是经学没有地位。勇于自信，其实就是刚愎自用，未必合乎儒家本意。这从根本上否定了方苞作为当代儒宗的地位，甚至连同样是桐城三祖之一的姚鼐也不觉得方苞的经学权威，其余可知矣。而方苞的文章，少年曾国藩之所爱，如今也掉了价了。

也就是说，即使方苞没有软肋和现实的困难，在曾国藩的心目中，方苞的地位也不高，远不如顾亭林、王怀祖和陈文恭公（陈宏谋）三人。

那么，曾国荃提请方苞从祀孔庙之事，已经被其兄曾国藩全盘否定了。

关于这事，曾国荃的来函和复信均未见，不知有什么说法。

《许宝蘅日记》中的宣统故事

许宝蘅在清末任军机汉章京，他以文笔敏捷，立言得体见长，是清末很多重要诏令的起草者。许宝蘅为人谨慎，他的日记，多记人来客往和自己的生活，轻易不动感情，少发议论，即清国覆亡，在日记中的他也过着平静的生活，看戏听曲，并不悲痛欲绝，可见清朝的覆亡多少是一种自然结果，自然与明朝的覆亡于知识分子的打击不可同日而语了。

许宝蘅记宣统年号确定和宣统退位，略有掌故，值得一谈。其记确定宣统年号在1908年11月18日，日记这样说：

> 又拟进纪元年号，圈出宣统二字。初拟四号，一宪昌，二宪治，三宣统，四圣宪。子政谈及旧传黄檗禅师所遗图谶有云："光芒闪闪见微星，统绪旁绪信有凭。秦晋一家成鼎足，黄牛过厄力难胜。"又有云："中兴令辟属麟儿，豕后牛前耀德仪。继统偏安三十六，坐看境外血如糜。"若用"宪昌"二字，则图谶不验矣。盖向例必圈首列之二字，临

缮单时堂官忽令改将“宣统”首列，凡事有定，可谓奇极。

查网上谈及该段，似皆误读，说什么隆裕圈定宣统云云。其实却是原来排定四个年号的次序为：一宪昌，二宪治，三宣统，四圣宪，缮单时本也这么排定，然而堂官，即军机处首脑“忽令改将‘宣统’首列”，于是四个年号的顺序就变为一宣统，二宪昌，三宪治，四圣宪了，而隆裕皇太后和摄政王按惯例总是圈定首列，这样宣统年号就被选定了。为什么堂官临时会改变次序呢？一方面或是“凡事有定”，另一方面，也可能是堂官揣测上意的缘故，是重立宪，还是重万世一系之统？在摄政王和隆裕皇太后心中，自然有他们的私心，立宪就是把权交出去，换取一个位尊而虚君的共和局面，继统则还是大清帝业一统，在他们心中，当然希望的后者。在慈禧末年，迫于形势，立宪已经渐渐从皇统之中面目清晰起来，做了很多让步，但这是一个政治家权衡利弊之后的勉强让步，到了慈禧去世，摄政王与隆裕皇太后，他们昧于形势，于选择年号上还是暴露出他们的私心意愿来。至于黄檗禅师之图谶是否会因为年号变化而不验，此事真难言矣。

黄檗禅师是唐朝著名的禅僧，他的《黄檗禅师诗》与《乾坤万年歌》《马前课》《梅花诗》《藏头诗》《烧饼歌》《推背图》并称为中国七大预言书，许宝蘅在日记中引用了两首，可见在1908年，士大夫中间已经开始把《黄檗禅师诗》和现实联系了起来，加以附会。这类预言诗不宜细细解释，只能意会，譬如“继统偏安三十六”，继统可以视作宣统承光绪而来，偏安给人南宋之偏安的联想，也可以视作南方被革命军占领，大清偏安北方。三十六则是月是年，不能确定也，在许宝蘅认为，当是三十六年也，此事后面再谈。

黄檗禅师诗在流传中颇有变异和改动，许宝蘅所引，乃是清末的形式，如今，这两首诗的文字就有了变化，譬如在百度所见，则是：

光芒闪闪见灾星。统绪旁延信有凭。秦晋一家仍鼎足。黄猿运兀力难胜。

中兴事业付麟儿。豕后牛前耀德丁。继统偏安三十六。坐看境外血如糜。

只要细加核对，两者之不同自见。

《许宝蘅日记》1912年2月12日，许在日记中写道：

……三时到厅，知辞位之谕旨已下。二百六十八年之国祚遂尔旁移，一变中国有史以来未有之局，古语云：“得之易者，失之亦不难。”岂不信哉！戊申之冬，有谓本朝以摄政始，当以摄政终。又黄檗禅师有诗云“继统偏安三十六”，当时以为指年而言，不料仅三十六月。古来鼎革之际，必纷扰若干年而后国亡，今竟如此之易，岂天心已厌乱耶？

想不到选定宣统年号，距离清国之灭亡，原以为还有三十六年安稳，孰料不过三十六个月。这倒印证了黄檗禅师诗预言的日期，虽然偏安之说尚未安。

三岁的宣统即位，在御座上大哭，其父载沣安慰说：“快完了，快完了”。有人认为这也是一句谶语。

快完了，记得黄檗禅师还有一句诗：刚到金蛇运已终。天机不可泄露，像许宝蘅一样，一切要到了才知道呢。

许宝蘅与《读书堂西征随笔》

汪景祺的《读书堂西征随笔》由故宫博物院图书馆掌故部1928年线装铅印出版，此书后来又由上海书店在1984年作“清代历史资料丛刊”影印出版，薄薄一册两卷。它的出版与许宝蘅有关。

1927年张作霖据北京，9月北京政府宣布成立故宫管理委员会，强行接收了“故宫博物院维持会”，由傅增湘（沅叔）掌院。11月19日，许宝蘅访傅增湘，两人谈起故宫图书馆事，馆分二部，曰书籍部，曰掌故部。傅增湘邀时任大元帅府秘书处帮办（即副秘书长）的许宝蘅任副馆长，管掌故部。许宝蘅是光绪朝的军机章京，此后一直在政府中枢做中高级官员，熟知掌故，对于这个职位，许宝蘅说“事为余所最愿，只是担心每日时间少，恐不能兼顾。”这是许宝蘅照例的客气，不辞，也就等于答应了下来。

11月29日，许宝蘅就正式上任了。他在日记中说：“一时半到沅叔处，同到故宫博物院，取廿四号徽章。”

12 月 1 日，故宫博物院正式分派职务，许宝蘅与袁同礼同为图书馆副馆长。

又过了五天，12 月 6 日，许宝蘅到图书馆会议掌故部事务，“议定各课先通力合作办提书、编目等事，又支配各部分人员，掌故部归余专任，现有南三所、大高殿两处陈列，一处派三人，议事毕到南三所阅览”，这一阅览，就在相当奇谲的情况下看到了汪景祺的《读书堂西征随笔》，全引如下——

> 南三所之档案，多宫中秘件，有一箱外粘一签云：雍正某年奉上谕，非圣御前不得开看，违者即行正法。箱内小匣甚多，有一小匣内有汪景祺《西征集》，上有世宗御批，并有拜帖多纸，其他尚未启视，书籍中有《名教罪人》四册，系为钱名世而作，令廷臣各作诗歌刺之，徐蝶园、尹望山、方望溪皆有诗。

人总是好奇，如果不是有签条注明：必须得当着皇帝的面前才能开看，违者要正法，我想，许宝蘅也不会首先对这样一个箱子下手。开看要犯杀头的罪？一旦封建淫威不再，民国官员的好奇就极大地膨胀起来，掌故部归许宝蘅专任，在南三所，自然是许宝蘅最大，于是禁不住这等好奇，签条撕下了，箱子打开了。

看到的就是汪景祺的《西征集》。一个大箱子，里面有许多小匣，其中一个小匣中就是《西征集》，里面还有拜帖多件。许宝蘅说“其他尚未启视”，可见就开了一个小匣。

这里我颇怀疑整理时标点有误，许宝蘅日记原无标点，由其后人许恪儒整理，我觉得“其他尚未启视”后应加句号，即箱子的检视已经结束，下面是讲南三所的书籍，而书籍中又见《名教罪人》四册也。

《许宝蘅日记》把汪景祺著作写作《西征集》，而实质上刻本书名乃是《读书堂西征随笔》，实为一书，或系许宝蘅当年误记，此后日记中即作《西征随笔》。日记提到书上有世宗御批，世宗即雍正，其御批许宝蘅未录，后来影印，有照相件附在书前，乃是“悖谬狂乱，至于此极，惜见此之晚，留以待他日，弗使此种得漏网也”，颇见得雍正狰狞怒目之态。汪景祺乃疏狂不得志之才子，笔下颇为放肆，为了干禄，往往顾前不顾后，文中颇有狂捧年羹尧（称年为“宇宙之第一伟人”），而讥讽皇帝的地方（《诙谐之语》一文中有“皇帝挥毫不值钱”），难怪雍正览之大怒了。

该日许宝蘅又有“与沅叔酌拟刊行《掌故丛编》，月出一册，若此类者皆好材料也”可见，许宝蘅一见汪景祺书，即生为之出版之念也。

12 月 17 日，许宝蘅草《掌故丛编凡例》。1928 年 1 月 10 日，许宝蘅作《西征随笔提要》一篇，为了作此提要，他还查《杭诗辑》，查出汪霦乃汪景祺之父，还有昆弟辈汪见祺和汪受祺。此后，日记中多有校丛编稿的记载，至 7 月 2 日又有：校《西征随笔》。

1928年7月29日，许宝蘅在日记中有“校阅《西征随笔》单行本”，很明显，《西征随笔》先是作为丛编，编入《掌故丛编》，再抽出单行。日记中又有刘、单二生来“印《西征随笔》价单”事，则至8月7日，《西征随笔》已经正式出版了。

这个时候，北伐已经成功，许宝蘅已经见过“但闻好好之声，主人亦不辨客何姓名也”的蒋介石了（可见老蒋对别人甚敷衍，心不在焉之态）。许宝蘅的图书馆掌故部职务也已经交卸了。

吕思勉谈《古文观止》

我平素读书，比较好异说异见。通识俗见，众口一词，往往凡庸；异说异见，虽或不免偏执偏见，却经过自己个性化的思考，是打上个人烙印的知见，即使不一定准确，也必能给予别人启迪。

黄永年先生曾撰文，谈到他的老师吕思勉对《古文观止》一书的看法，有社会上通行的对《古文观止》的评价，并不相同，给我耳目一新的感受。

黄永年在《回忆我的老师吕诚之先生》一文中，讲到吕思勉在给青云中学上第一堂国文课时，用的教材就是《古文观止》。在当年的高中学生黄永年看来，《古文观止》已经是“村塾陋籍”，从小就读过，印象不佳，然而，吕思勉先生何以要用《古文观止》来做他们的教材呢？

吕先生解释说：这是因为这本书“选得坏”。坏在哪里？吕先生说，古文是和骈体文相对而言的，可是这个选本里却选了一些六朝隋唐的若干骈体文，如《北山移文》《为徐敬业讨武瞾檄》《滕王阁序》等，这就说明编选者连古文这个概念都不清楚，不是古文，何来古文观止呢？

既然这样，那为什么要选作国文教材呢？吕思勉的看法是：“正因为选得杂乱，各种文章都好坏有一点，作为教本让大家多了解些东西还是有好处的。”还有一个理由，则是它的“通行易得”，学生容易得到，自然比较方便。在我看来，吕先生还有一个理由没有说，或者说作者黄永年先生忘了记，那就是社会上通行的各种中华版商务版世界书局版的共和国教科书，还未必比得上这个《古文观止》，因此吕思勉先生首选的才是这本书。

黄永年先生当年的看法是：《古文观止》虽然是陋籍，选的文章都是名家传承已久的名作，并不错。然而，吕思勉先生的看法又不一样，他指出：“《古文观止》这部书是为科举时代学做八股文的人诵读的，做八股文要从没有话可说处硬找话说，因此《古文观止》所选的有相当一部分是说空话发空论的文章。”

从没有话可说处硬找话说，现在看来有点可笑，其实，好处也在这里，这正需要应考者殚精竭虑，从死路里杀出一条活路来，这就必须有过人的才智才行，这就保证了成功者的才智，另外，中国文学中的美，有一部分也在这里，即同样的话，怎么躲闪腾拿，说得巧妙，说得聪明，科举就可以从中锻炼和遴选。须知，做官作宦是要伺候君主的，伴君如伴虎，儒家讲究导君于正，怎么才能扭转君主的邪念恶意？端赖上奏折中的措辞怎么才能说动君心。所以训练八股文，也即训练人的思维，训练人的语言艺术，遴选人的过人才智。

吕思勉认为：唐宋八大家是能写好文章的，但选在《古文观止》中的往往不是好文章，主要原因就是此书专注于选空议论文章，还有一个原因是，此书要选短文章，所以很多真正写得好的长文章就只能摒弃不选。

黄永年先生在文章中特地举了个例子，来说《古文观止》中不好的文章，坏在哪里。譬如王禹偁的《黄冈竹楼记》。吕思勉说它不好。不好在哪里？在于文体不纯。“开头写古文，中间来几段骈文，最后又是古文，不纯就不美。”再如苏轼的《潮州韩文公庙碑》，这是一篇历来万口传诵的大文章，但在吕思勉先生看来，则是“写得很不好”：因为一开头说的“申吕自岳降，傅说为列星”和下面所讲的孟子“浩然之气”根本是两回事，不应硬扯在一起，最后的七言歌辞又不古，古文中不宜有此。

以上是黄永年先生所述吕思勉对《古文观止》的批评，打着吕氏论文的印记，黄永年先生把它记下来，当然是佩服和认同的意思，我这里转述它，则是因为给予我启发。吕思勉作为史学家，他的看法相当独到，也曾引起争议，譬如当年他议论岳飞的军纪，在社会上引起轩然大波，一度还查禁了他的书，其实岳飞当然不是十全十美，吕思勉这种议论很正常，很合理，当年社会宽容度不够，值得反思的是当年的相关部门的僵化观念和社会上的通识俗见，而此正见吕思勉作为一个史学家的不同不苟且之处。

翻译家项星耀的少作

很多年前，买到薄薄一册巴金翻译的《家庭的悲剧》，这是俄国作家赫尔岑的《往事与随想》中的一个章节。读完此书后，对赫尔岑的一生大为好奇，一个男人目睹妻子的不贞，他还能这么细腻耐心地披露，并因此冷静地剖析自己，实在是可以佩服的。于是就急着找《往事与随想》来看，不久，果然买到了同样是巴金翻译的《往事与随想》第一卷。第二卷和第三卷却总是没有找到。

十几年后，在蓝色书店（当年还在三元坊）偶然看到三卷本的《往事与随想》，不禁心里一阵激动，仔细看看，翻译者却不是巴金，而是陌生的什么项星耀，心里不免大为失望。这套书当年价格很贵，我踌躇了许久，决定不买，等巴金的译本吧。

在我看来，作家巴金，我倒更欣赏作为他的另一面：翻译家的巴金。毫无疑问他是翻译大家，他的翻译作品，特别是俄国文学的翻译工作，做得相当出色，不管是克鲁泡特金、巴枯宁还是赫尔岑，他的选择首先不是政治任务，而是与自己的个性、思想和风格契合的。因此，他笔下的翻译，因为原著作的深刻性，而获得了比自己著作更深刻的思想意蕴。

然而，巴金中风了，巴金瘫痪了，巴金植物人状态了，我终于知道巴金的《往事与随想》译本不会有了，一定就停留在第一卷了。

很长一段日子后，百岁巴金去世了。巴金翻译的《往事与随想》进入了历史的凝固中。

我从来不缺少书看，这是我一生最大的幸运，书这么一本本的过眼过手，对于赫尔岑，对于《往事与随想》，慢慢地也就冷淡下来，天底下的好书，真是太多太多了。

直到有一天，有网友问我项星耀翻译的《往事与随想》如何？我原想给予否定意见的，因为巴金的译本给我太深刻的印象。为了慎重起见，才仔细在网上搜索了一下，原来项星耀还是我的苏州老乡。项星耀不仅是苏州人，他还在苏州文联工作过，那么他还是我的前辈同事呢。

这个发现使我开始正视项星耀，换句话说，我的头脑中从此植入了项星耀这个名字：

项星耀（1924—1997），江苏苏州人。新中国成立前曾任新闻记者。1949 年后，先在苏州文联工作，后至上海师范学院、福建师范大学等校任讲师、教授，讲授外国文学。其主要译作有《平凡的北极带》《谢德林寓言选集》《基督教简史》《英雄艾文荷》（即《艾凡赫》）《一位女士的画像》《往事与随想》和《米德尔马契》等。

以上是网上对项星耀的简单介绍，平心而论，除了这些，我对项星耀的了解并不多，我看过《艾凡赫》，但当时没注意翻译者，我有《基督教简史》《一位女士的画像》，当年读的时候也没注意译者。

项先生已经去世，去世的时候不过七十三岁，1997 年项先生去世，在苏州的我居然一无所闻。

既然是苏州人，他应该在苏州留下很多痕迹，我想。

这两天翻苏州报纸，果然看到了项星耀先生的少作：《儿童节的梦》。这篇文章刊载于 1935 年 8 月 1 日的《苏州明报》。

8 月 1 日，其实并非民国的儿童节，民国的儿童节在 4 月 4 日。不过，这一年是国民政府命名的儿童年，8 月初是集中庆祝的日子。且看儿童项星耀的习作：

儿童节的梦

项星耀

今日是儿童节，我总要想个方法来庆祝这儿童的好日子。我便走了出去，看见各街上挂灯结彩，繁华极了。看见街头上立着一个老者，手中拿了一把气球。我就问他买了十个气球，系在腰里，刚要给钱的时候，忽然气球把我连人带到了天上去，飞了约有一个时辰，把我落在一个屋面上，我便解了气球，拿在手中。听得里面有人在演讲，我便爬到窗口坐定，原来他们在开儿童节庆祝会。忽然一阵狂风，把我吹上天空，到了白云之上，正在很恐慌时，我手不当心一脱，直把我落到了大海之中，一直坠到了海底，只见有一座亮晶晶的（殿堂），再走过去一看，见有大字写着“水晶宫”三个字，这就是水晶宫吗？哪知他们的耳朵极尖，把我的声音传入了他们的耳朵之中。忽见一人拿了钢叉跑来，把我直拖到龙王面前。龙王便说道：你来到凑巧，我们正在开庆祝儿童节大会，你快来看，有许多龙王之子，及龙王朋友之子，在一同开着大会。我便坐下来，吃了些东西，便别了龙王回来。走在中途，忽有一只海豹，要来吃我了。我便大叫道：不好了，不好了。哪知道一声，惊动了全屋子的人，他们便问道：甚么不好？我便被他们叫醒了，醒来方知是一梦，但东方日出了许久了。

项星耀生于1924年，到1935年恰好是11岁，正是一个儿童。在这篇《儿童节的梦》的前面，还有一篇署名项星辉的文章，经问询知情老人，说项星耀有个弟弟项星辉。其实，这两点还不足以证明这个项星耀就是后来的翻译家项星耀，但目前我只能做到这些。

一个有着一点文学天赋的儿童，会不会成长为一个教授、翻译家？这很难说，也不能排除有同名同姓的苏州儿童。这必须等待更多的发现。

我们还是回头来看看项星耀的这篇文章。

这篇出自儿童的笔调比较幼稚的文章，却有着很大的想象力，凭着几个气球，他在梦中上天入海了一番，居然还见到了龙王。水晶宫的情节无疑受到《西游记》的影响，龙王请坐吃东西的情节，似乎与上帝请吃糖有关。跳出来一只海豹，这是《西游记》故事没有的，可见作者还比较关心海洋动物。

这篇文章中还有一个情节，读来简直令人丧气，原来民国儿童项星耀的心中，庆祝节日的方式除了开会还是开会，他在屋顶上“听得里面有人在演讲，我便爬到窗口坐定，原来他们在开儿童节庆祝会”，他在水晶宫，看到的是龙王“正在开庆祝儿童节大会”。而项星耀却不喜欢开会，即使龙王邀请他开会，他也只是吃点东西，就想着要回来呢。

南柯一梦的安排是个俗套，不说也罢。

俞平伯的诗，顾颉刚的手

——《语丝》刊名的由来

《语丝》是孙伏园辞去《晨报副刊》编辑之职创办并编撰的一份周刊，于 1924 年 11 月在北京创刊。

孙伏园辞职，与鲁迅兄弟有关，首先是知堂的《徐文长故事》引起某些读者的不满，被停止刊载；其次是鲁迅的谐趣讽喻诗《我的恋爱》被新任的晨报代理总编辑刘勉己强制撤下。孙伏园认为这是干涉自己的编务，愤而辞职。辞职之后的孙伏园，决定自己创业，于是《语丝》周刊诞生了。

《语丝》周刊刊名的由来，鲁迅在《我和“语丝”的始终》一文这样说：

> 那名目的来源，听说，是有几个人，任意取一本书，将书任意翻开，用指头点下去，那被点到的字，便是名称。那时我不在场，不知道所用的是什么书，是一次便得了《语

丝》的名，还是点了好几次，而曾将不像名称的废去。

鲁迅说得语焉不详，因为只是听说，所以不知道是什么书，不知道是哪几个人，不知道是点了几次，才得到“语丝”这个刊名的。

乃弟知堂在《知堂回想录》中有一章《〈语丝〉的成立》，对于《语丝》的刊名由来，则是这样“回想”的：“至于刊物的名字的来源，是从一本什么人的诗集中得来，这并不是原来有那样的一句话，乃是随便用手指指一个字，分两次指出，恰巧似懂非懂的还可以用，就请疑古玄同照样的写了。”

比鲁迅的说法略有进展的，则是一本什么人的诗集，随便用手指点一个字：语，再点一个字：丝，点了两次，结合起来，便是语丝。

知堂没说是哪几个人在一起乱点鸳鸯谱，不过当时他的日记却有记载：至开成北楼，同玄同、伏园、小峰、矛尘、绍原、颉刚诸人议刊小周刊事，定名曰语丝。（1924 年 11 月 2 日日记）这则日记说到在场的人，有七个，钱玄同、孙伏园，其中小峰，即北新书局李小峰；矛尘，即章川岛；绍原，即江绍原也。

对于《语丝》的创刊，参与者川岛也有文章谈及，他的《说说〈语丝〉》一文，刊于 1962 年《文学评论》第四期。他在文章中回忆，说到七个人聚会的地点：

钱玄同、江绍原、顾颉刚、周作人、李小峰、孙伏园和我在东安市场的开成豆食店集会，决定出一个周刊，大家写稿，印刷费由鲁迅先生和到场的人分担，每月每人八元。刊物的名称大家一时都想不出来，就由顾颉刚在带来的一本《我们的七月》中找到“语丝”两字，似可解也不甚可解，却还像一个名称，大家便都同意了。

知堂笔下的“开成北楼”，在这里原来是开成豆食店，而那本书并非什么人的诗集，而是一本多人合集，O.M 社编辑（O.M 者，我们也），上海亚东图书馆出版的《我们的七月》，是顾颉刚带来的，且还是顾颉刚找到了“语丝”这两个字。

至此，鲁迅记载中的疑问可以一一解决了。

然而不然，还有新的疑问：“语丝”这两个字在顾颉刚是怎么找到的呢？到底点了几点，分了几次呢？

《顾颉刚日记》对此有明确的记载：

> 到市场开成食堂，为伏园办周刊事。
>
> 伏园以晨报馆侵夺副刊文字之权，辞出。拟办一周刊，今日开会。到者有启明先生、玄同先生、绍原、小峰、廷谦、伏园及予。命名久不决，予看平伯诗中有“语丝”二字，颇写意，不落褒贬，提出之，通过。定十一月十六日发行首期，每人派出八元。

这是顾颉刚 1924 年 11 月 2 日星期二的日记。顾颉刚写日记虽时有六七天一起记的，但多少比回忆真切些，可信些。只是聚会的地点到底是顾颉刚说的开成食堂还是川岛说的开成豆食店、还是知堂说的开成北楼呢？鄙意当以顾颉刚的日记为准，东安市场的开成食堂。而开成北楼，只是方位，与开成食堂并不矛盾。豆食店大概是饮豆汁、卖豆腐的，这些教授们大概不会在这样的地方聚会。

看来，“语丝”两字确实是顾颉刚找出来，再经大家一致认可的。

现在还有一个疑问，即“语丝”两字，是不是来自俞平伯的诗，还有这首诗是不是出自《我们的七月》？

不妨找找《我们的七月》中是否有一首含有“语丝”两字的诗。

《我们的七月》一书，我手边就有。略一翻找，在第150页，找到一篇《小诗》，其中有句，哦，把整一小节（全诗共两小节）都抄在这里吧——

伊底凝视，
伊底哀泣，
伊底欢笑，
伊底长长的语丝，
一切，伊底；
我将轻轻而淡淡地放过去了。

“语丝”两字，出自该诗第四句，是连在一起的，大概只需顾颉刚翻一翻，再用手指点上一点吧。

《我们的七月》收有二十篇诗文，都不署作者姓名，《小诗》同样如此，但从顾颉刚日记可知，它的作者当是俞平伯，是俞平伯写给他妻妹的一首情诗。或许可以这样说，没有顾颉刚的慧眼，这个周刊或许会以另一个刊名出现。

经过以上回忆和日记的拼凑，《语丝》刊名的由来基本清晰了。

以上纷杂的记忆中，知堂和顾颉刚两人有相关日记，都是该年 11 月 2 日，虽然详略不同，除了地点，并无别的不合。鲁迅的《我和“语丝”的始终》一文，发表于 1930 年 2 月 1 日《萌芽月刊》第一卷第二期，时间比较接近，然而，鲁迅的记载却是最含糊不清的。鲁迅是否真的这么记忆模糊？可能性自然不能排除，毕竟有言在先，他不在场，是听说的。当年，他和知堂尚未交恶，孙伏园和他又师生情深，其他五人中除顾颉刚外，都和他来往甚密，聚会和决定刊名的详情，鲁迅不会不清楚，然而，更有可能的，则是他故意模糊，以避免提起他的冤家顾颉刚和已经反目的弟弟周作人。

在鲁迅写作《我和“语丝”的始终》时，《语丝》早已结束，女师大风潮也已经明日黄花，但余剩的是他对陈源和顾颉刚的恶感。

1973 年，顾颉刚在他 1924 年的日记上写有一个附记，谈他对鲁迅与自己交恶的原因：

> 通伯，名陈源，无锡人，少于予约二岁，以留学英国，归即任北大教授。予与彼向不相识，徒以予在期刊上发表文字多，为所注目，又以予为近同乡，乃常至予家谈话，遂为稔友。及女高师风潮起，学生反对校长杨荫榆，而杨是无锡人，与通伯为亲同乡，通伯遂在《现代评论》上作文为杨鸣冤。时鲁迅以许广平故，作文反杨尤烈，遂与陈相互对骂。孙伏园者，予北大同学，毕业后任研究所风俗研究会干事，并任《晨报副刊》主编，时时挑逗学界风波，以推广其报纸销路……然伏园与我每日相见，渠欲我作文，又常亲到我家面请之，予性不绝人，时时为之写作。伏园与鲁迅既为绍兴同乡，又为师弟，每得消息，辄告其师。以通伯与伏园均常到我家，在我家见面，每以此事挑拨，使鲁迅认为我为通伯死党，但我作文不涉时事，故彼亦无从发泄。及一九二六年同到厦大，遂公开詈我矣。此一公案知者甚少，故今书之。一九七三年七月记。（《顾颉刚日记》联经版第一卷 446 页）

且不管顾颉刚事后的认知离真相到底多远，但一个事实不容否认，即写作《我和“语丝”的始终》时，鲁迅对顾颉刚已无好感，故在追记《语丝》刊名由来时，故意含糊，以规避顾颉刚提出“语丝”刊名这一事实，也不无可能。

夏承焘评陈寅恪《评〈长恨歌〉》

1949年，词学家夏承焘写了一篇《评〈长恨歌〉》，后来发表在1949年4月10日出版的《国文月刊》第78期上，该文还有一个副标题：兼评陈寅恪教授之《笺证》。

这篇文章，最初源自1948年夏他的一次演讲，其后记说："客夏，在永嘉专科以上学校联合会讲《长恨歌与琵琶行》"，夏承焘把其中讲《长恨歌》部分，经增删整理而成。

关于这次演讲，胡兰成在《今生今世》中回忆说：

> 我是这回才看清楚，瞿禅的相貌有点像罗汉，天五则长身白皙，皆是可亲的人，说话行事，愈是久后，愈叫人敬重。是时尚在暑假期内，一晚温中请瞿禅讲《长恨歌》，我亦去听。瞿禅讲完出去，我陪他走一段路，对于刚才的讲演我也不赞，而只是看着他的人不胜爱惜。我道："你无有不足，但愿你保摄身体。古诗里常有努力加餐饭，原来对着好人，当真只可以这样的。"

夏承焘在他的《天风阁学词日记》中也记载了这次演讲：

八月廿五日

（温属专科以上学生联艺会）会散，嘉仪君谓欲为予作笔记，取谷超豪君所记去改补。

八月廿六日

午后，嘉仪送长恨歌、琵琶行讲记来，谓费两日力，几为之成病。嘉仪时时引佛经证成予说。全文七千言，嘉仪自注者二千言。

这里需要作点解释：后记中的“永嘉专科以上学校联合会”，当是“温属专科以上学生联艺会”之误，毕竟日记是当下记录，比较靠得住，后记所说是事后回忆。演讲会场在温州中学，所以胡兰成径书“温中”。瞿禅即夏承焘，天五即吴天五，嘉仪即张嘉仪，当年胡兰成的化名。

读日记可知，夏承焘此文，当系根据谷超豪记录增删而成，并没用张嘉仪之记录。谷超豪后来成为数学家，当然看来对人文兴趣也不小。

不能说夏承焘的这篇《评〈长恨歌〉》，是完全针对陈寅恪的《〈长恨歌〉笺证》而来，但从副题可知，夏承焘此作心中有陈文在。对于《长恨歌》而言，夏的看法与陈不同，他得自抒己见，乃有《评〈长恨歌〉》。

夏承焘从《清华学报》上看到陈文，首先肯定了陈寅恪“著书精于用思”和“多所创见”：

> 近见《清华学报》十四卷一期载陈寅恪教授《长恨歌笺证》，为《元白诗笺证》之一。陈君著书，精于用思，巨著如《隋唐制度源流》，小品如《读莺莺传》，皆以多所创见，腾声学苑。

然而话音一转，就开始批评陈寅恪笺证中的“过深过琐”问题：

> 惟陈君考证之文，往往亦不免过深过琐之失，如此文引岑建功《旧唐书校勘记》玄宗、杨妃传“既而四军不散”之语，谓“至德以前，有四军而无六军”，指白诗“六军不发无奈何”之句为失实。夫天子六军，沿用已久，文人习语，何必过事吹求，此失之过深；又如考霓裳舞一章，文繁不杀，可裁篇别出，则失之过琐；然此在全文，犹为枝节，不关大旨。

关于陈寅恪文章过于深求和琐屑的问题，不是单单夏承焘有这样的感受，钱锺书也这样看。如余英时在《我所认识的钱锺书先生》所述：

因为话题转上了韩愈，我顺便告诉他当时在台北发生的趣事：韩愈的后代正在为白居易“退之服硫黄，一病讫不痊”两句诗打“诽谤”官司。我并补充说，照陈寅恪《元白诗笺证稿》的考证，似乎确有其事。但是他不以为然，认为“退之”是卫中立的“字”。这是方崧卿辩证中的老说法，在清代又得到了钱大昕的支持。默存先生不取陈的考证。后来在美国他又批评陈寅恪太“Trivial”（琐碎、见小），即指《元白诗笺证稿》中考证杨贵妃是否以“处子入宫”那一节。我才恍然他对陈寅恪的学问是有保留的。

而在致傅璇琮的信中，钱锺书直指陈寅恪为书呆子：

弟今春在纽约，得见某女士诗词集印本，有自跋，割裂弟三十五年前题画诗中两句，谓为赠彼之作，他年必有书呆子据此而如陈寅恪之考《会真记》者。

作为诗人的钱锺书不喜同样是诗人的陈寅恪考证之“昧于词章之不同史传，刻舟求剑”，而同样是诗人（词，诗之余也）的夏承焘，也认为陈寅恪的考证有“过深过琐”之病，两人正是所见略同。

除了这个方面，夏承焘对陈寅恪在笺证中提出的“歌传合一”的说法也提出质疑。

陈寅恪认为："《长恨歌》为具备众体体裁之唐代小说之歌诗部分，与《长恨歌传》之为不可分离独立之作品，故必须合并读之、言之、评之。明皇与杨妃之关系，虽为唐世文人公开共同习作诗文之题目，而增入汉武帝、李夫人故事，乃白、陈之所特制，诗句，传文之佳胜，职是之故。此论《长恨歌》者不可不知也。"

夏承焘评曰：总之：陈君著述，长处在多创见，其流弊亦复在是。元和古文与小说有关系之说，诚治文史者未有之妙谛，而必以元、白风人之诗，附和赵彦卫温卷之体，求之象外，反失环中。此陈君论白"歌"文体之一事，予所期期以为不可者也。

此说，也可以让人联想到钱锺书《槐聚诗存·序》所言："矜诩创获，凿空索隐"也。

该文后记，夏承焘再谈陈寅恪笺证云："窃以为陈氏此文，如但留其考证部分，则与其《韩愈与唐代小说》，离之双美，各成茂制；惜其过求幼眇，欲证甚深，反成未谛矣。"

夏承焘写作《评〈长恨歌〉》早于钱锺书所评。我们知道，陈寅恪的《元白诗笺证稿》初刊于1950年11月，由广州的清华印书馆印刷，乃是岭南大学中国文化研究室出版，而夏承焘作此文时尚未见全书可知。而钱锺书曾得到陈寅恪的签赠，也束之高阁。

据夏承焘《天风阁学词日记》，此前，夏承焘曾读过陈寅恪的《唐代政治史述论稿》，评价极高。其1943年11月13日日记云：

于慕塞处见商务新出陈寅恪唐代政治史述论稿一册，略翻一过，极佩其精博。近日治中古史者，诚卓然一大家。予曩年妄欲治宋史，见此杰作，可以缩手矣。

在夏承焘读了陈寅恪的《元白诗笺证稿》大部分笔记后，仍然持与《评〈长恨歌〉》相近的看法：甚琐。其 1949 年 3 月 4 日日记云：

陈学恂处借来其友人戎女士在西南联大听陈寅恪讲授笔记，有说琵琶行、新乐府、长恨歌、连昌宫词各章，考证有甚琐者，亦有其甚可喜者。

由此可见，夏承焘对陈寅恪的评价是从学术出发，颇理性而一贯，是一个学问家应有的态度。

文育山房买签名本《人之窝》记

今天下午本是专到文育山房去的，也确实到了文育山房。

江澄波先生不在，我就随意看看书架的书，一看，就看到一册旧版的陆文夫著《人之窝》。不，不是一册，而是两册，放在不同的位置。书都是 1995 年 9 月上海文艺出版社的版本。抽出其中一册，标价 15 元，翻开一看，居然还是签名本。我是熟悉陆文夫签名的，不是造假，他签名向来不钤印，不书日期，光一个姓名，写得很陆文夫，别人不容易模仿。再看另一册，却没有签名。

我是 2000 年初到苏州杂志社的，换句话说，就是这书出版五年之后，因此没有得到过这书的签名本，倒是后来这书重版，得到一册，却也不愿麻烦老先生签名，所以这书的签名本是没有的。老先生的签名本，我只有一册《老苏州：水巷寻梦》，当年出版后，老先生一气签了十数册，杂志社每人一份。此后凡有出版，都没有签名，获赠一册而已。因此，我当即决定买下了签名的《人之窝》。

《人之窝》，我在 2000 年详细地看过一遍，曾做了一个勘误表，至今尚记得，如小说人物“姣姣”一名在后半变成了“娇娇”，在老先生，是偶然的笔误，然而出版社并未纠正，即使后来重版，也仍依旧。

《人之窝》集合了老先生对于苏州半生的见闻，作为掌故看，乃是相当有趣味的。譬如金乐山被抄了家，没收了书画，跳了运河，有点像顾公硕在虎丘一号桥跳河自杀。还有很多地方，我看得出有现实人物的影子，但不敢肯定，老先生比我大了近四十岁，他之经历及见闻，他身边闪过的人物，耳闻的故事，不是我所能知道的，但隐约所闻，也所在多有，不过总嫌不够真切，因此，要想索隐《人之窝》，自问并不够格。更多时候，我只能欣赏老先生的“谑”。生活中，老先生其实不善言辞，属于吐属偶尔灵光闪现那种，但文章中的机趣却俯拾皆是，处处表现他的睿智与风趣。譬如《造人的勾当》一章里柳梅和许达伟在花园假山里“造人”，老先生在这一章最后描写说：“月亮在高空当然也看到了柳梅和许达伟的行为，可她并不大惊小怪，这种造人的行为它已经看了亿万年，看着那荒凉的地球就是在这行为之中发展起来的，就在同一时期，在她所能见到的半个地球上，这样的事情就有千万起。她不想打扰这一对遨游极乐世界的年轻人，拉过一篇浮云作眼睑，暂时闭上眼睛，使得那园子里的光线变得更加暗淡些。”这是很陆文夫的风趣，有点说书先生旁白的味道。在我看，似乎还能和《金瓶梅》之某章对读，以见今昔假山人生之不同。

老先生在《人之窝》中，还露了一点“拙”，即他在版本目录学上的欠缺。这方面，本是很容易得到纠正的，只要旁人说一下，改了就藏了这个“拙”，然而竟没有。譬如：第十回《盈盈丝竹声》讲到朱老头，“他的父亲就曾经为许家收罗过全部宋版的经史子集”。（P58）第二十九回《欲海通鉴》“他（王知一）通读二十四史和百家杂记之后……”下部第八回《千秋功过》“朱益首先想到的是金家收藏的全套宋版经、史、子、集。这一套书版本之名贵，保存之完好都是举世无双的。”王知一通读《二十四史》有点像传说中的韩寒通读《二十四史》，在小说中那个年代，起码家中具备乾隆殿版或张元济的百衲本二十四史才行，退一步说，即使具备，能“通读”的又有几人？全国最多几个顶尖的历史学家罢，还得有一定的岁数才行，一个二十几、三十岁的“诗人”是不可能的，未免夸张得过了。而那套宋版的“经史子集”，我就不明白指的是什么，宋版，一套，里面包含经史子集，这书，大概还没有，明《永乐大典》或许具备这个条件，可惜这书只有零本存世。有之，很可能是清代的《四库全书》吧，而《四库全书》不但不能宋版，而且民间还不可能成套，最多有“七阁”散出的零本吧。总之，所谓的宋版经史子集，颇有点荒诞不经了。当然，对老先生和老先生的书而言，不过白璧微瑕，我提出来一说，倒是有点浅薄的炫技味道了。

原想和江澄波先生谈论一下陆先生小说中版本知识的欠缺，江先生不在，只得夹着《人之窝》走了。偶得签名本，值得乐一回。

《狂欢之夜》的《奔》

诗人臧克家，人们因为他的诗《有的人》选入了教科书而记住了他，然而这首用辩证法写的诗，却是最没诗意的诗。现在《有的人》从教科书中移除了，他或许就要被人们遗忘。

然而，我记住臧克家，却是因为他的文章《奔》。

《奔》是一篇散文，收入臧克家散文集《磨不掉的影像》，出版在抗战结束之后的民国岁月。

这篇散文写了一位诗人在日本投降那一夜（1945 年 8 月 14 日），听到外面的喧哗声和鞭炮声，以为有人要抓他，就奔逃出去，躲来藏去，到天明，才知道原来人们只是在庆祝胜利，自己虚惊了一场。这篇散文写得很有实感，也很生动，读后使人印象深刻。

曾经有过好奇，《奔》里的诗人是否真有其人，如有，究竟是谁？莫非心里有鬼，不然何以这么惊慌失措、杯弓蛇影、草木皆兵？另外，抗战胜利何以来得这么突然，毫无征兆？当然，《磨不掉的影像》一书里没有提供答案。

悬疑一直在心头，十多年后，我看诗人徐迟的《我的文学生涯》，才从里面找到了答案。

徐迟有一篇散文，题目是《狂欢之夜》，徐迟介绍说：

> 《狂欢之夜》写的是一位居住在歌乐山乡下的诗人，在抗战胜利的那个夜晚，山城已经到处沸腾，他却一点消息也不知道。后来有一大群朋友，想起了他来，便汇合在一起，欢唱着歌儿，手舞足蹈地向他的乡居跑去，反而把使人吓了一大跳。他在寂寞田园间真正感到了，不知出了什么大事？只听枪声（其实是鞭炮声）连珠似的响，探照灯光扫射着天空，以为一定是爷台山事件扩大了，政治摩擦恶化了，大逮捕大屠杀已经开始。在朋友们敲他的门时，他跳窗逃走了。人们找他，却到处找不到他。他在稻田里躲着，然后潜行到了沙坪坝中央大学一个老朋友家的外面，发现里面灯火很亮，人语声杂，以为这位教授大概已经被捕，正抄家，他不敢进去。一回头，又到自己家附近的田野里藏起来，一直到了天亮，最后才弄清楚是怎么一回事，他是大大误会了。

很显然，这与臧克家写的《奔》讲的是同一个人同一件事。

徐迟进一步介绍说，《狂欢之夜》里的诗人是臧克家，而里面提到的教授则是杨晦（诗人、评论家）。

原来如此，臧克家写的《奔》，讲的是自己的故事。这个左派教授，在抗战胜利那一刻，竟是这么惶恐不安！他做了什么？

徐迟笔下那个在惊慌中躲藏奔逃了一夜的诗人："蜡黄的脸颊，通红的眼睛，流血的额，跛行的脚，受伤的身体，受难的灵魂，他轻轻地问了：'这是胜利的狂欢呢？还是大屠杀的混乱？'"

《奔》里面当然没有这样的描述，但惊慌忐忑则是一样的。

诗人臧克家竟是以这样的状态，迎接了日本投降那一夜重庆全城的狂欢。

徐迟的《狂欢之夜》，抗战后在上海出版了单行本，冯亦代认为徐迟的记载相当真实。冯亦代在《〈狂欢之夜〉评》中说道：

> 这是事实，一个未能为我们想象到，却在生活里真正存在的事实。因为在现实生活里，有着这样的一种威胁的存在，才使一个快活的日子，成为世人的恐怖……作者只是忠实地复述了一篇故事，却也给我们开启了一扇门，一扇通达现实的门。

徐迟在20世纪90年代前后写回忆录的时候，大概忘了臧克家也写过这个发生在自己身上的故事，徐迟的书里没有提到。

臧克家日后看当年记录下的自己的狼狈相，不知心里是什么滋味，也许会成为一件值得夸耀的功劳。

当举天同庆欢呼抗战胜利的时候，我们的诗人臧克家却是在惊慌失措的迷乱中度过了可笑的一夜。

“狂欢之夜”一个诗人在狼“奔”豕突。

彭子冈的一篇少作

在关注许博明丧母新闻时，意外地在报上看到了《大公报》三剑客之一彭子冈的一篇少作。

据彭子冈简历，1934 年，考入中国大学英语专业。那么，从时间上看，1933 年底，彭子冈（1914 年生）还在振华女中上高中，虚龄二十。当年，彭子冈在写作上崭露头角，连续获得《中学生》杂志征文比赛的优胜，已经在苏州学生界小有名气。

在 11 月 24 日举行的许母追悼会上，宣读了一篇祭文，作者就是振华的高中女生彭子冈。

为什么是彭子冈为许母写祭文呢？也许彭子冈的哲嗣徐城北先生可以给出正确的答案来，我只能出之于推断。首先，王谢长达创办的振华女校，是一个私立的股份制学校，许博明是学校的董事，这点如今的苏州第十中学没有反映出来，他们校园里有很多振华校董的介绍，如蔡元培、汪懋祖、张一麐等，却没有许博明这个名字，未免有点不够公平。然而，许博明为办学不遗余力，用大笔款项赞助过很多学校，振华女校就是其中之一；其次彭子冈写白话文得奖，在苏州学生界有一定的名气；第三，彭子冈出身苏州望族，或许和许家有点亲戚关系；第四，在苏州士绅中，许博明思想较新，不喜欢文言，比较倾向白话，也许是许博明或校长王季玉要彭子冈写的。最后，振华高中女生的一篇白话祭文，在许母的追悼会上进行了宣读。

文章全录如下（笔者按：文中标点已按现在的标准重新点过，无法看清的字用□标出，括号及括号中的字系笔者添加）：

哀许母沈太夫人文

一颗慧（彗）星陨灭了，是那么轻轻地。那小小的星球，然而是有着光芒四射的柔光的。她曾经冲过万层云海，飞过高山峭壁，对未来展望，更曾用那点力量普照了远远近近的追险（？疑当为逐）着□（她？）的事物，使人们感到在荆棘中领受到温暖与幸福。就这样，许母沈太夫人就悄悄的，慧（彗）星般地陨灭了。那德望深厚的老人家，便带着一颗慈善的心幽然地走了。也许是幸事，如果有“人世的那一岸”，因为善良的灵魂是到处善良的。沈太夫人曾经过苦难，曾忍受又曾奋斗，她不消极，不染一点腐化的习气，心头永远有将来未来的美好是胜似目前的刹那的欢乐，所以在孤苦中，她努力教养她的独子许博明先生。她知道保存文化，知道为她的孩子打光明的路，知道追着时代，不让他所作的一切事落伍。特别的女人，她更有爱国心，在一二八事起后，尽可能的捐输衣食，老人的殷勤切望是可想而知的，她爱自然，爱人类，她无偏倚地洒着她的温暖的光辉。说不尽的这哀伤，沈太夫人的长辞所给与我们的。慧（彗）星是没落了，然而她的光芒已足使她自慰地射遍了这人间。永远，永远。

振华女学校肄业生彭雪贞（珍）谨撰

如果我是教师的话，这篇祭文简直不及格。苍白空洞，言之无物。全篇不长，但充满了新文艺腔，句子也不够通顺，人物代称也很杂乱，表达的意思也不够明晰，我几乎要怀疑是否真的出自彭子冈之手。

如果是文言文的话，即使内容空洞，也可以写成一篇无懈可击的文章，因为它的文体已经足够成熟了。但在白话文，很明显，内容这么空洞，情感这么苍白，它是无法承担起一篇祭文的要求的。特别是在新文学运动之后才十多年时间，在一个高中女生笔下。很明显，彭子冈在那个年纪，用白话文还驾驭不了这个体裁，所以会留下这样一篇祭文。

不过，话又说回来，在苏州这些著名士绅的面前，这篇祭文宣读了，没听说有什么异议，祭文事后还在《苏州明报》上刊出了。我们似乎无须苛责彭子冈的这篇祭文，因为文章写于 1933 年。当这篇祭文宣读之时，我想，这些士绅们大概也没听出个所以然，因为他们的耳朵还不能习惯白话文的祭文。

那一天，宣读彭子冈写的祭文是许母追悼会安排的第六项程序（明报称为“秩序”），《苏州明报》报道说：

许母哀荣　各界追悼

高师巷许博明先生之母沈太夫人，因病逝世后，里失善人，闻者哀之。爰由张仲仁、刘正康、李印泉、施筠清等发起，于昨日下午二时，在许宅灵前，举行追悼会。计到官绅商学各界及许氏亲族等，不下四五百人，其追悼秩序：①来宾入席。②奏乐。③献花（惠风校长周琦女士）。④全体向许母遗像行礼。⑤主席张云抟致开会辞，述太夫人一生德行，能知有国家、有社会、有个人，可称为完人，亦可谓之精神不死也。⑥读祭文（原文白话体，录如后）。⑦来宾演说，有苏女师校长陈淑女士、东吴大学校长杨永清、陆幹臣等。⑧家族许博明先生等抱病出而行三鞠躬礼、答谢而散。

“汪原放君已经成了古人了……”

鲁迅先生的《望勿“纠正”》开门见山就是这么一句：“汪原放君已经成了古人了……”然而，这是鲁迅的以讹传讹。写此篇文章时，是1924年1月28日，此文收入《热风》，鲁迅在文后加了一段附注：

> 这一篇短文发表之后，曾记得有一回遇见胡适之先生，谈到汪先生的事，知道他很康健。胡先生还以为我那“成了古人”云云，是说他做过许多工作，已足以表见于世的意思。这实在使我“诚惶诚恐”，因为我本意实不如此，直白地说，就是说已经“死掉了”。可是直到那时候，我才知这先前所听到的竟是一种毫无根据的谣言。现在我在此敬向汪先生谢我的粗疏之罪，并且将旧文的第一句订正，改为：“汪原放君未经成了古人了。”一九二五年九月二十四日，身热头痛之际，书。

汪原放要到1980年才去世，因此鲁迅所听到的，确是“一种毫无根据的谣言”。

汪原放，安徽绩溪人，和胡适是同乡，他人在上海亚东图书馆做编辑，称胡适为“适之兄”，因此胡适对他是死是活相对比鲁迅的轻信要明白得多。胡适原以为鲁迅的“古人”之说，是指标点古籍的“先驱”“前辈”的意思，鲁迅倒老实承认只是“死掉了”的意思。之所以会有这样的误会，乃是鲁迅信了谣言，而胡适恰见到了“本尊”。

那么何来汪原放去世的谣言呢？

据尚丁《他和胡适称兄道弟》，记载自己亲耳所闻汪原放的解释是：

> 1924年4月，我为编辑出版《胡适文存二集》的事到北京去，走进适之兄家，一见面他就笑着道：“报上说你死了，你知道么？”后来，同游中央公园，洪熙兄（章衣萍）们又说：“你不是已经做了‘古人’了吗？怎么跑到公园里来玩了！”据适之兄对我说：“鲁迅先生在中央公园看见我，问我道：‘原放在不在’？我说：‘他已经到北京来了，住在我家里。’后来他知道误会了，把洛声当作你了。”

这段话说得奇怪，应该分三段来看：

其一：1924年4月，我为编辑出版《胡适文存二集》的事到北京去，走进适之兄家，一见面他就笑着道：“报上说你死了，你知道么？”

其二：后来，同游中央公园，洪熙兄（章衣萍）们又说：“你不是已经做了‘古人’了吗？怎么跑到公园里来玩了！”

其三：据适之兄对我说：“鲁迅先生在中央公园看见我，问我道：‘原放在不在’？我说：‘他已经到北京来了，住在我家里。’后来他知道误会了，把洛声当作你了。”

先说其一，4 月份汪原放从上海跑到北京胡适家里，已在鲁迅《望勿“纠正”》发表之后，那么胡适所说的报纸上的说法，既包含了此前报纸上的“谣言”，也包含了鲁迅“古人”之说。

再说其二，章衣萍的说法，则是承鲁迅的“古人”而来的。

其三，可以和上面所引鲁迅的附注印证，应该就是一回事，且发生在 4 月汪原放到北京同一时间段内。鲁迅了解了误会产生的原因：把洛声当作了原放。

那么，至少有一个叫洛声的人死了，此前上海的报纸报道过，而且此人与亚东也有联系。

不知道洛声去世的消息刊在什么报纸上，鲁迅又是如何把洛声认作了原放？

据尚丁说：“洛声，名叫章洪钟，是汪老（即汪原放）的姑表兄弟。先前也在‘亚东’做事，后来到北京大学出版部工作，在北京时也住在胡适家里，不幸在 1923 年夏天因病去世了。”

他们是姑表兄弟，一个姓汪，一个姓章，并不容易搞错，当然从词意上看，“原放”与“洛声”有点关联，莫非鲁迅把洛声当作原放的字了？

王文濡与苏州毓元学堂

王文濡，原名王承治，字均卿，别号学界闲民、天壤王郎、吴门老均等。他生于 1867 年，浙江南浔人。1883 年，得中秀才，因为家贫，在当地教书为生。

1900 年，邑绅李维奎在南浔蛤巴弄创办明理学社，成为南浔早期高等小学之一，聘请王文濡主持校务，随后因为通晓新学，王文濡又主持浔溪学院。

虽然科举尚未废除，在苏州，与此同时，新学也逐渐勃兴。1901 年，位育局在西泮环巷（今文庙西）设立毓元两等小学堂，简称毓元学堂，所谓两等，乃初等、高等之合称。毓元学堂乃是苏州早期著名学堂之一，崇实更早于毓元学堂，李伯元《南亭四话》卷七《学堂书社对》：

苏州观前街，旧有知新、东来、启智三书社，后因折阅，渐渐闭歇，所存者，仅一启智耳。学堂为崇实、为毓元、为吴中公学。崇实停办后，毓元亦改换名目，吴中公学，则因《白话报》为吏所诘，徒党四散。某君撰一联云：

叹观前经济界万难，知新作故，东来西归，启智依然守拙

代吴中教育家一哭，崇实子虚，毓元返本，公学不敢私开

看来苏州早期的新式学堂都没有维持很长时间。

再说王文濡，在南浔教育界渐渐知名，经人举荐，于 1902 年受聘为毓元学堂总教习。然而，王文濡在苏州教育界的经历却有点像一个噩梦。据 1903 年《苏州》第四期《苏州毓元学堂退学始末记》载，王文濡在该校，先是总教习，后又成为董事，1903 年，竟发生了学生集体退学的风潮，逼得他真成了“学界闲民”。

王文濡在毓元学堂中的遭际，主要还是人际关系处理不当。该文指责王氏：“离间魏氏兄弟，攫董事之权，黜经理祝心渊君，而引钱万盛。”“此时堂中分教，无一非自南浔来者，若邱山芝、徐蕙亭、方佩刚等，皆呵成一党，而其学问品行，更不足道。第以王之乡亲故旧，攀援而上，以学堂为彼位置私人之地而已。”这是援用私人。这样就得罪了很有威望的学堂经理祝心渊。

不久，王文濡又得罪了学生。毓元学堂虽然只是小学堂，学生的年龄可并不小，不像大家想象的是什么学龄儿童，很多倒是成年人，因为科举废除，读四书五经做八股的学子，一下子失去了用处，连学堂的教师都做不得，只能进小学求点新学

问，因此当年的小学，结婚生子的秀才小学生都有，更不必说青年人了。有四件事，王文濡得罪了学生。

其一：“初学生为请求学问交换知识计，开演说会于休假之日，王百计阻遏，务使其事不成而后已。”

其二：“俄约事起，学生中有咨嗟太息，发国民思想者，王以议论国事为大戒，学生积不能平，共谋他去。王闻而大惊，以初任董事，恐滋物议，乃柔声媚色，哀学生而止之。而学生亦以迩来退学风潮，日甚一日，外人不察，辄以暴动责学生，乃复隐而忍之，然王之奴视学生，视前益甚，动辄以怒詈相加。甚至以畜生等语相诋辱。”

其三：“董事入学室，学生起立稍迟，则加呵斥。董事有所指挥，学生稍不遂其欲，则加呵斥”。

其四：“先前数日，以天气渐暑，夜班停课，乃温习体操，互相跳跃以为运动，王见而恶之，以学生跳跃无礼，傲慢长者，遽以移细椅故，而记小学生某某大过各一次。”这需要解释一下，王文濡因为某学生夜班跳跃，记了他大过一次。又因为此学生看见他来，没有为他端椅子过来，认为他傲慢长者，又记了他大过一次。两次大过，是要开除的，当然，这名学生不能幸免了。

然而因为此学生被斥退，导火索点燃了毓元学堂积久的矛盾，有三十二名学生集体退学。当年的学堂规模不大，据资料，三十二人已经是学堂大部分学生了，这么多学生集体退学，等于是对作为董事、总教习的王文濡来了一个釜底抽薪，“退学诸人，先辞圣，辞别各教习，遂出学，然中有某生，怒碎堂中玻璃窗者……”理性者，辞别孔圣，辞别各教习，正是表达对王氏的强烈不满，而不够理性的，甚至打破玻璃发泄其不满。

这些退学学生，组织了吴中公学社，一如后来胡适等在上海创办中国公学，吴中公学社还是前驱。

王文濡无法再在苏州立足，转而到上海发展，进入出版界，编辑出版了很多书，有功于艺林学界。

《郑孝胥日记》所记商务印书馆清退日股

1903年9月，成立不足十年的商务印书馆曾和日本商人合股，谋取营业上的发展。到1914年9月，商务印书馆起意清退日股，这固然与对日人当年在中国措施、作为不满有关，同时则亦不免过河拆桥之讥。

郑孝胥是商务印书馆的董事，《郑孝胥日记》曾稍涉及此事，这里一一辑出，看看郑孝胥笔下的这次清退日股的过程。

1913年9月11日郑孝胥在日记中记道：

> 至印书馆，菊生愤愤言："日人太无理，非收回日股不可。"

菊生，张元济也，当年是商务印书馆的总经理。这里的日人，是指商务持股的日人，还是泛指所有日人，不清楚，但基本可以确定是泛指。因为在此前，护法之战，南京曾杀日人三名，而武汉发生了拘禁日本军官之事。郑孝胥在同日记道："报言，日本要求甚和平。”这句话，在上引“至印书馆”前，这里就有了映衬，郑孝胥是认可报言的，但一到印书馆，则适见菊生愤愤也。

在此之前，9 月 10 日，郑孝胥在日记中记道：“夏瑞芳将同长尾赴东京议购日本股票。”这句记载，如果不联系第二天之“菊生愤愤言”，则不知何事，联系起来看，则很明显，商务印书馆派夏瑞芳赴日，正是为了收回日股的，可见在 10 日之前，商务高层已经做出决定，且付之实施了。

南京杀日人三名后，并不如报言那么和平，9 月 15 日日记，即有“日本有六兵舰赴南京”。9 月 16 日，郑参加印书馆董事会，日记中没说研讨什么事。

9 月 27 日，《郑孝胥日记》：“至印书馆。夏瑞芳自日本归，日本股东不肯售股。”

夏瑞芳铩羽而归。清退日股受挫，商务方则并未罢休，遇挫而勇。

12 月 26 日，日记有：

> 晤夏瑞芳，谈收买日股事。

此后不久，清退日股事加快了速度，取得了共识，数天后，已经形成决议了。

1914 年 1 月 2 日，日记载：

晚，赴印书馆董事会，议收回日本股票事。总价五十四万余元，先付一半，余以六个月为限。

5天后的1月7日，《郑孝胥日记》记道：

遂赴商务印书馆董事会。收回日股已于昨日签字，付二十七万余两。

再过三天，夏瑞芳被刺身亡。

《郑孝胥日记》："有走报者曰：夏瑞芳于发行所登车时，被人暗击，中二枪，已入仁济医院。梦旦、拔可先行，余亦继至，知夏已殁，获凶手一人。此即党人复闸北搜扣军火之仇也。"

夏瑞芳被杀，似乎有点蹊跷，和清退日股来得这么密合。首先，去日本谈判的就是他，而清退结束，即遭暗杀。

《郑孝胥日记》则说夏的暗杀是由于党人报复。《张元济年谱》也持同样观点："乃因先前出于维护商界利益，曾联合诸商抵制沪军督陈其美驻兵闸北，陈嫉恨之，唆使人暗杀。"此说目前似为定论。